Finding Your Way Through Conflict
Strategies for Early Childhood Educators

直 面 冲 突
破除幼儿教育工作者的职场困境

[美] 克里斯·阿米罗　克里斯蒂娜·M. 斯奈德　／著
　　（Chris Amirault）　（Christine M. Snyder）

胡福贞／译

中国轻工业出版社

图书在版编目（CIP）数据

直面冲突：破除幼儿教育工作者的职场困境 /（美）克里斯·阿米罗（Chris Amirault），（美）克里斯蒂娜·M. 斯奈德（Christine M. Snyder）著；胡福贞译.
北京：中国轻工业出版社，2025.3. -- ISBN 978-7-5184-5363-4

I. G61

中国国家版本馆CIP数据核字第2025GL0104号

版权声明

Finding Your Way Through Conflict © 2021 Chris Amirault, Christine M. Snyder. Original English language edition published by Free Spirit Publishing, an imprint of Teacher Created Materials, Inc. 5482 Argosy Avenue, Huntington Beach California 92649, USA. Arranged via Licensor's Agent: DropCap Inc. All rights reserved.

保留所有权利。非经中国轻工业出版社"万千教育"书面授权，任何人不得以任何方式（包括但不限于电子、机械、手工或其他尚未被发明或应用的技术手段）复印、拍照、扫描、录音、朗读、存储、发表本书中任何部分或本书全部内容，以及其他附带的所有资料（包括但不限于光盘、音频、视频等）。中国轻工业出版社"万千教育"未授权任何机构提供源自本书内容的电子文件阅览、收听或下载服务。如有此类非法行为，查实必究。

责任编辑：张天怡　　责任终审：张乃柬
策划编辑：张天怡　　责任校对：刘志颖　　责任监印：吴维斌

出版发行：中国轻工业出版社（北京鲁谷东街5号，邮编：100040）
印　　刷：三河市鑫金马印装有限公司
经　　销：各地新华书店
版　　次：2025年3月第1版第1次印刷
开　　本：710×1000　1/16　印张：12
字　　数：190千字
书　　号：ISBN 978-7-5184-5363-4　定价：48.00元

读者热线：010-65181109
发行电话：010-85119832　　010-85119912
网　　址：http://www.chlip.com.cn　　http://www.wqedu.com
电子信箱：1012305542@qq.com

版权所有　侵权必究
如发现图书残缺请拨打读者热线联系调换
240651Y1X101ZYW

译者序
冲突就是冲突,直面就是

冲突就是冲突。人类生活中,冲突无时无处不在。

幼儿教育工作者的教育世界里,冲突亦如影随形。无论幼儿教育工作者应对抑或逃避,冲突始终存在。大大小小的各种冲突不仅影响着日常工作,而且很多冲突就是日常工作本身。发生在幼儿园里的冲突,不仅是与幼儿教育工作者的职业身份、自我效能、专业价值以及人际互动密切关联的工作的一部分,更是生活其中的孩子们的学习环境和资源。幼儿园的孩子们正是在这些情境的耳濡目染中,而非仅在幼儿教育工作者专门组织的社会教育课程和活动里,真正习得应对冲突的观念和能力。

冲突就是冲突。无论幼儿教育工作者见或不见,日常工作中所发生的大大小小的各种冲突,除了极少数需诉诸法律法规和专门行动的大冲突,发生在幼儿园里的绝大部分冲突毋宁说是日常工作的伦理困境,既有可能宛若眼中沙、肉中刺般破坏着日常工作状态,日积月累可能会在某种特定条件下成燎原之火,演变成严重的破坏性事件;亦有可能是小火花、小信使,成就着日常工作状态。特别是对那些善于觉察和反思的幼儿教育工作者来说,及时回应这些小小的冲突,足可以将其转化成"小确幸"、好帮手,从而与他人更好地合作共育,构建越来越好的教育生态。

冲突就是冲突。它会成为好事的信使还是坏事的元凶,关键取决于幼儿教育工作者自身及关系互动中的觉察反思、认真回应的态度,以及对话商讨、信任合作的实际应对能力。每个人都不可能再次经历同一个冲突,世界上也不存在足以应对所有冲突的万全法宝,但"取必有法"。这正是克里斯·阿米罗(Chris Amirault)和克里斯蒂娜·M. 斯奈德(Christine M. Snyder)集其多年的教师经历和教育管理经验,结合多元教育情境的代入分析和切实阐释,在本书中呈现的具体内容。书中精心设计了与相应章节内容密切匹配的文献资源、练习任务和反思提问，使得本书超越平面文本的限制，跨越时空与读者有机互动，堪称幼儿教育工作者应对职场冲突的自助手册。

冲突就是冲突。任何冲突都发生在特定的文化境遇和伦理关系之中。因此，直面冲突时，幼儿教育工作者不仅需要学习和掌握有关冲突的知识和技能、工具和方法，更需要不时地觉察"我是谁？""我在哪里？"和"我要到哪里去？"这三个作为冲突道体和底层逻辑的哲学性问题。对当前我国的幼儿教育工作者而言，除了熟悉本书中幼儿教育工作者作为独立个体、理性思考及其反思性自我这一专门职业身份，还需要更多地觉察幼儿教育工作者作为"我们"、情理交融及其关系性自我这一历久弥新的"人师"身份。从而，在面对哪怕只是发生在幼儿园中的冲突时，既能美其所美、各美其美，又能美美与共，共创共享更加智慧美好的学前教育生态。

在此，我由衷感谢中国轻工业出版社"万千教育"编辑部的张天怡女士的信任和邀请，能有机会得以翻译此书。在长时间咬文嚼字的翻译过程中，我常常会不由自主地卷入相关主题的思考练习，学以致用地迎应日常工作和生活中出现的各种冲突，可谓双重受益，且确实获益匪浅。

在近一年的翻译过程中，特别感谢能不时得到刘国忠、李研、罗雨桐和武欣等师生协助，感恩吴淑洁、熊丹、李雪垠、谢静、图湾妈、王雅、崔兰等诸多好友在我旅居泰国翻译本书期间的关心和帮助，感恩始终有家人深切的关爱。坦率地说，有时，翻译本书所需的学识、能力以及时间和精力就带来了不少冲突；偶尔，翻译工作本身就是冲突。

不过，冲突就是冲突。直面冲突，来则应、去不留，求仁得仁，何尝不是人生幸事？！

是为序。

胡福员

2024 年腊月于重庆

前　言

和平不仅仅是指没有冲突，而是指创造一个不论种族、肤色、信仰、宗教、性别、阶层、地位或者其他社会差异，所有人都能好好发展的环境。

——纳尔逊·曼德拉（Nelson Mandela）

在《直面冲突——破除幼儿教育工作者的职场困境》一书中，克里斯·阿米罗和克里斯蒂娜·M.斯奈德为我们这些幼儿教育领域的工作者提供了指导和反思的机会，帮助我们获得在工作场所中应对冲突的能力，这种能力在家庭和社区中也同样重要。正如作者所指出的那样，作为一个人，我们会把自己的"东西"带进工作的中心、项目机构和教室中。尽管个人层面和文化层面的感知与假设创生了我们看待冲突和应对冲突的视角，但幼儿教育的关键在于人际关系，我们必须有意识地努力建立并维持与同行、同事及其他教职员工、我们所服务的儿童及其家长之间富有意义且相互尊重的关系。本书作者深入探究了"冲突及其解决"这一主题，提供了很多新知识和新技能，这对我们更好地应对发生在各种工作场合中的诸多冲突很有助益。

领导者需要应对冲突并能解决问题。在《幼儿教育中的优雅领导力》（*Graceful Leadership in Early Childhood Education*）一书中，我描述了自己职业生涯中实际经历的一些真实的冲突情境。例如，在我成为婴幼儿中心的主任还不满1个月的时候，我就不得不介入一起亲子冲突。当时，正好是一日活动结束、接送孩子的环节，我无意间听到更衣室里传来一个成年人的声音——这个成年人正非常大声且语气粗暴地对着某个孩子说着什么。走近后，我发现是中心里的一位家长正在给她的女儿穿外套，还打了孩子。小女孩正在哭。我相信整个中心，包括那些正在接孩子的家长们，都能听到她们的声音。

我走到这位家长面前,非常认真地轻声对她说:"很抱歉,但是我不能允许您在这里这么做。"家长看着我,用一种带有挑衅的语气回应我,说:"哦?所以,你是来告诉我应该怎样带孩子。"当时,中心的工作人员也留意着我们这边发生的一切,我意识到这是我示范应对冲突的一个时机。我需要快速评估情况,并做好回应,也就是在应对冲突的同时满足这位家长和孩子的实际需求。所以,我再次非常认真地轻声对这位家长说:"我叫安·特雷尔,是这里新来的负责人,我正在对您说的话,是一位黑人女性对另一位黑人女性所说的话。如果您继续打孩子,我将不得不举报您虐待儿童。"这位家长停住了她的动作,看着我,说:"以前从来没有人这样告诉过我。"接着,我弯下腰半蹲着,让我的视线和孩子的视线齐平。我一边帮她穿上外套,一边对她说她的妈妈今天度过了漫长的一天,可能很疲惫,真的需要她配合妈妈才能穿好外套一起回家。我陪着她们走到门口,拥抱了她们,然后对她们说"明早再见"。最后,我告诉这位家长,如果她需要或想要和我谈谈,我会随时为她服务。

有时候,当你似乎是解决问题的唯一人选时,应对冲突可能是一件令人沮丧的事情。我在担任婴幼儿中心的主任期间,我们将"问题解决七步法"作为儿童课程的一部分。我们中心招收满3岁、4岁和5岁的孩子,他们通常会因为身为学生的父母毕业而离开。与刚入中心的孩子们相比,这些孩子在学习如何运用"问题解决七步法"来解决问题的过程中形成了一条明显的学习曲线。例如,我们有位教师的孩子名叫弗朗西斯,她2岁时进入我们的中心,直到5岁上学前班前一直跟我们在一起,因此她对"问题解决七步法"已经非常熟悉。无论冲突发生在感官桌上,还是在积木区,弗朗西斯总能理解情境并运用这一方法加以处理。可是,在一个秋季学期刚开始时,她在中心的班级里与另一个孩子发生了冲突,她们发出了很大的声音。教师走近她们,提示道:"看来我们遇到了麻烦,你们俩谁能告诉我发生了什么?"紧接着,教师又问:"弗朗西斯,看来出问题了,我们该如何解决?"没想到,弗朗西斯竟跺脚大声宣布:"我不想解决问题!"

和弗朗西斯一样,面对冲突时很多人也在用这种方式应对。我们之所以想躲避和忽视现实中的冲突，是因为觉得自己没能为应对冲突情境做好充分的准备。冲突多种多样，有时有些冲突是我们能够直接介入并解决的；有些冲突则要求我们正视问题、进行反思，然后决定如何更妥善地加以解决。我很喜欢这本书的书名，对我来说，它意味着：有时候我们必须正视混乱，必须面对反思冲突中的自身角色和应对冲突时所带来的不适感。

对成年人和孩子们而言，巧妙地应对冲突的能力可以让他们在应对具有挑战性的情况时获得胜任感和信心，无论这些冲突是发生在我们与家长之间，还是发生在我们与同事、同伴或是孩子之间。这本书照亮了每个人的冲突解决之路和冲突解决能力的发展之路，将伴随我们在整个职业生涯中为幼儿教育专业工作者提供帮助。

谨致最美好的祝福。

安·麦克莱恩·特雷尔（Ann McClain Terrell）

目 录

引　言　应对冲突 // 001

　　幼儿教育领域中的冲突　// 002

　　应对冲突的六项核心原则　// 004

　　本书概览　// 006

　　如何使用本书　// 007

第一章　界定冲突 // 009

　　五个冲突场景　// 010

　　定义冲突　// 012

　　冲突中的你　// 017

　　重回五个冲突场景　// 025

第二章　从反应到回应 // 033

　　克里斯和克里斯蒂娜的冲突分享　// 034

　　运用四个问题进行反思　// 036

　　从反应到回应　// 041

　　克里斯和克里斯蒂娜的冲突回应　// 044

　　轮到你了　// 047

第三章　冲突有黏性　// 049

从冲突黏性中学习　// 049

困境中的正念　// 051

神经学和心理学中的黏性　// 059

与黏性共舞　// 067

记住：接受不完美　// 073

第四章　实践是不完美的　// 077

每次艰难的对话其实都是三重奏　// 077

为什么是罗宾和帕特？　// 080

罗宾的案例及分析　// 081

帕特的案例及分析　// 085

从罗宾和帕特身上获得的学习　// 089

第五章　从你自己开始　// 097

关于做好准备的几点提示　// 097

个人的四项准备任务　// 115

第六章　信任的建立与重建　// 121

信任＝同理心＋逻辑性＋真实性　// 122

合作、行为改变以及矛盾心理　// 123

合作行动1：做好组织工作　// 126

合作行动2：预留充足的时间　// 134

合作行动3：阐明共同的期望　// 136

合作行动4：创设安全、中立的环境　// 143

不要跳过这些步骤！　// 146

第七章　关键谈话　// 147

你已做好准备　// 147
没有所谓的"准备就绪"　// 149
关键谈话真的、真的意义重大　// 149
把握领导机会　// 151
谈话第一步：从实际发生的事情开始　// 154
谈话第二步：用迂回的方式应对冲突　// 157
谈话第三步：重申不同的观点　// 161
谈话第四步：考虑贡献（避免指责）　// 163
推进关键谈话　// 165

第八章　冲突中的学习永无止境　// 167

新工具箱里的工具　// 169
选出正确的方法　// 170
做好临时响应　// 171
你能做到！　// 177

参考文献　// 179

引 言
应对冲突

采用建设性方式处理棘手的话题和应对尴尬的处境，能够强化人际关系。这是一个不容错过的好机会。

——《高难度谈话：如何化解棘手局面？》(Difficult Conversations: How to Discuss What Matters Most, Douglas Stone, Bruce Patton, & Sheila Heen)

某位教师总在你会议发言时打断你，当你向她指明这一点时，她却反过来指责你无礼；队友们在解释他们为什么没完成那项有难度的任务时面带微笑，而就在昨天，他们回应说完成这个任务"没问题"时也带着同样的微笑；督导员在你每次走进他的办公室时都会反复宽慰你说"你做得很好！"，可是，每次他走进你的教室时，却总是指出你的不足之处；某位工作多年的老同事总在你经过走廊时瞪眼看你，真是莫名其妙。

请你再读一遍上面这段话。

这些情况是"机会"吗？是那种"不容错过的好机会"吗？是的！

假设你只能从本书中学到一个观点，那就让它是眼前这个：要学会如何摆脱冲突，你首先必须学会如何置身于冲突之中。这意味着：

> 要学会如何摆脱冲突，你首先必须学会如何置身于冲突之中。

你要直面冲突，充分理解冲突的微妙之处，并将其作为关乎你、对方以及你们之间关系的学习机会。是的，这里没有退路或捷径可走，也没有更简单的出路。多年来，我们的个人生活和工作经历，以及我们与成千上万的人在一起进行的实践，还有我们为此专门收集的研究资料，都清楚地表明，应对冲突好比著名的猎熊活动，你不能越过去，不能钻过去，也不能绕着走。你必须直面冲突，走出自己的路。

为了发展应对冲突的能力，你需要了解自己、他人以及相关的行为改变，因此你需要有足够的耐心。很可能，你只是为了直接解决某些棘手的、缠人的冲突而拿起了这本书，对此我们俩当然理解！我们俩同样有想要立即解决冲突的冲动。只是，我们俩已经明白，冲突从来不会这么简单。而且，采用冲突解决清单或短期的解决方案来应对冲突的做法，通常会弊大于利。

投入时间和精力来处理冲突，可能是件令人沮丧的事情，特别是很多冲突乍看之下显得出奇的简单时，尤其如此。比如，为什么在同一间教室里工作的两位同事不能解决好分工问题？教学指导教练真的找不到办法来解决他们所督导的教师的教学行为问题吗？有位家长无法达到项目的基本要求。这些就是冲突事件吗？遗憾的是，我们不得不一而再，再而三地接受教训：正是这些貌似"简单"的冲突，实际上却相当复杂且微妙，需要仔细思考并加以反思。毕竟，如果它们真的如此简单，那么为什么一再地发生呢？

多年来，通过与成千上万的工作坊参与者交流，我们俩确信，你能够学会应对复杂且微妙的冲突的策略。事实上，贯通本书的主题就是学会承受冲突、学习冲突应对策略并结合实际情境加以运用。在书中，我们俩不仅分享那些成功的"神话"，也分享了自己的故事，特别是当面对新的冲突时如何自我发现的故事。对我们俩而言，在冲突中学习将持续一生。

当你置身于冲突中时，如何回应冲突而不只是做出反应，这其实涉及有效应对冲突所必需的最具挑战性，也是最重要的视角转换。我们俩当然希望你可以做到。但是，做不到也不必绝望，我们俩对你有信心——是的，正是你！——你真的可以做到这一点，并且能学会在冲突中进退自如。

欢迎你加入冲突世界的"猎熊之旅"！

幼儿教育领域中的冲突

本书聚焦于幼儿教育工作场所中的冲突世界。虽然我们俩有时也会提及幼儿教师与孩子及其家庭间的冲突，不过，本书重点探讨幼儿教育工作者之间的冲突，以下是原因所在。

我们俩在几年前初次相遇，彼时的我们都已各自在幼儿教育领域深耕多年。克里斯蒂娜一直致力于探索如何更好地支持幼儿的社会性和情感发展，克里斯则一直在与幼儿教师和管理者合作，共同探索如何更好地开展多元教育并切实促进教育公平。

不过，当我们俩坐下来，围绕幼儿教育工作进行讨论时，我们俩不约而同地把关注点集中到了成年人的冲突上。克里斯蒂娜经常发现，与年幼的孩子们相比起来，成年人之间更不容易解决争吵问题，也更不容易从争吵中缓过劲来。克里斯则在反思中发现，人们就差异进行协商时自然产生的不适感，可能会使种族和性别等话题变得更具挑战性。

事实表明，我们俩的上述对话只是幼儿教育领域中有关冲突的众多对话之一。本书揭示出幼儿教育领域的成年人冲突如何成为许多课堂质量研究和指标的中心，而这些研究和指标正在重塑我们对儿童学习环境以及这些环境中支持性关系的理解。目前，诸如"共鸣""共同调节""原发性和继发性创伤"以及"教师的自我效能感"等概念已成为幼儿教育工作者重新思考工作冲突的重要视角。

在美国的幼儿教育会议上，我们俩就冲突主题发表演讲，将冲突中的双向对话拓展为某种动态的积极学习体验。如今，幼儿园教师职业领域内对这一至关重要的主题的相关讨论正日益增多，希望本书能做出应有的贡献。我们俩曾在职业生涯中遇到过数百名出色的幼儿教育工作者，他们能够自信、严谨且轻松地解决哪怕是最棘手的儿童发展问题。但是，如果你留意他们面对同事冲突时的反应，你就会发现，他们中的很多人往往或纠结于是否卷入冲突，或干脆避开冲突带来的相关工作，或感到不安和尴尬。对某些最好的幼儿园教师来说，成年人之间的冲突往往可能在瞬间就摧毁了他们的自我效能感。

在幼儿教育工作中，尽管也存在着涉及多人的职场冲突，但更多冲突都发生在一对一的关系中，并且理应在一对一的关系中得以解决。为了帮助你更好地理解一对一冲突中的动态状况，本书重点关注冲突中两个特定的个体：

你和冲突中的对方。我们相信，围绕这两个人的学习将有助于你解决你所遇到的每一场或大或小的冲突！

支持幼儿的学习和成长这一重要工作，对于你在冲突中的学习和成长大有助益。学习应对冲突，始于对其核心原则的理解。

应对冲突的六项核心原则

多年来，我们俩不断地向自己和他人重复着这些原则，因为它们揭示出应对冲突的要点，但这些要点经常被忽视。本书将不断强调这些核心原则，即使对最棘手的冲突而言，它们也极其有用。

原则一：冲突是自然的、正常的且深刻的人性

> 冲突是生活中自然的一部分，是社交中正常的一部分，它能激活最深处的人性。

在平静的阅读时刻，这一原则似乎不言而喻：冲突是生活中自然的一部分，是社交中正常的一部分，它能激活最深处的人性。当然，一旦置身冲突时，我们就不再有这种感觉。那时，我们感到被误解，一切都不对劲，不再是平日的自己，日常应对技能消失不见了；取而代之的是一整套笨拙又苛刻的想法和感受，而且这些想法和感受根本就无法代表真正的我们。然而，正是这些想法和感受把冲突中的我们与他人联系起来。意识到这一点，有助于我们对冲突中的他人，包括我们自己，产生更大的同理心。

原则二：冲突就是工作，而非来自工作的干扰

多年来，几乎所有参加工作坊的人都把冲突看成他们工作的阻碍因素。其实，冲突就是工作的一部分。但据我们俩所知，很少有高等教育课程、幼儿教育机构和专业发展体系把成年人之间的冲突视为工作重点。我们俩没有将冲突视为工作障碍或干扰，而是将其置于幼儿教育工作的中心位置加以优先考虑；并且坚信，应对成年人之间的冲突就是日常生活中最重要的工作。

原则三：冲突几乎总是相互的

冲突通常促使我们进入防御状态，这正是指责游戏的开始：冲突中的我们只要遇到问题，通常就会伸出食指指向别人和他处。不过很遗憾，即使只从我们的本性考虑，事情也很少如此简单。实践经验表明，绝大多数冲突都是相互的，这意味着每个人都有份，尽管他们通常出于好意试图在棘手的情况下独自做出正确的事情。因此，为了让你更好地看清自己对冲突的影响，本书有专门的内容敦促你去承认冲突中的自身角色，承认这一行为本身已经被证明是一种非常有效的冲突解决策略。

原则四：有人说有冲突，就真的有冲突

通常，我们留意到的冲突大多貌似单方面的事情，至少对其中一方而言就是这样。在这些情况下，虽然受委屈的人感到困扰、被冒犯、不受尊重甚至更糟，但另一方可能压根儿就没有看到问题所在。因此，结合上一原则，我们足以断言：如果有人宣称某种情况是冲突，那么它就是冲突。幼儿教育领域中，推动大多数工作发展的力量来自成年人之间的合作。如果一个人无视另一个人的顾虑，工作就难以正常开展。因此，只要有人提出抗议，双方就应该真诚地共同努力，从而解决问题。

原则五：冲突靠非输即赢和非对即错的思维方式得以持续

冲突中的双方如何巧妙地协商？这从来就不是一个简单的是非问题或难易问题。事实上，冲突本身就是这类非此即彼的二元思维的产物，二元思维就像汽油，它让发动机得以运转，但它也经常会从油箱中溅出来，一点点火星就足以点燃整台车子！因此，为了能在冲突中更好地彼此协商，你需要学会在冲突的中间地带生活。对大多数人来说，这是一个真正的挑战。家庭、文化、教育甚至神经构造等，都不断地驱使着我们陷入这种非此即彼的思维境地。因此，在本书中，我们俩将指导你如何深入且全面地了解冲突中双方以及更多人的看法，以此尽可能地避免和抵制非此即彼的思维方式。

原则六：冲突从未停止教导我们

> 没有人能够免于冲突，也没有人能停止在冲突中学习。

这是最后一条核心原则。我们俩鼓励你采用谦逊且充满尊重的态度对待各种冲突。冲突是一个永无止境的迷人的探究领域。在工作坊中，我们总会分享最近生活中遇到的某个冲突——通常是发生在我们俩之间的冲突。因为我们都相信，没有人能够免于冲突，也没有人能停止在冲突中学习。希望你能加入，和我们一起秉持着同样的幽默感和好奇，认识到每一场冲突都是一次迷人的探究，是关于人（尤其是我们自己）的探究，充满新见解和精妙之处。谦逊且充满尊重的态度，不仅能让你与个人冲突保持一定的距离，从而更好地感知它，还能让你不断生成新的看法，获得新的应对技能。面对任何冲突，唯一的解决办法就是从内部探究着手。

本书概览

本书各章节围绕以下一系列内容展开：每一章都聚焦于某个或某几个核心概念，以此切实增进读者对冲突的理解。对于这些概念，我们先进行详细解释，并结合相关研究进一步拓展；然后具体分析这些概念的功能和作用，揭示其在真实情景中的产生和发展；进而呈现真实案例和具体情境，运用概念加以剖析；最后，详细描述你需要做什么以及如何去做，以此结束每一章的内容。

我们由衷地希望你在直面冲突时能够变得越来越主动、越来越自信，为此，你需要做好两大准备：其一，准备好一整套工具，包括具体行动、反思练习以及行动步骤等；其二，准备好一整套观念，即为了有效使用这套工具而必须具备的重要立场、关键态度和核心观念。

如何使用本书

接下来，在深入学习各章内容之前，我们有必要在此暂停一下。当下的你如果正身陷某个复杂而紧迫的冲突之中，并且你正是因为这个原因才拿起本书，那么我们给你一条额外的指导建议：无论你将应对怎样的冲突，请务必保持耐心，同时保持自我觉察。特别是当你感到情况紧急时，尤其需要保持耐心，并坚持自我觉察，这很重要。本书的第三章将会告诉你，紧迫感可能会阻止你的大脑去做你该做的事情，从而无法找到应对冲突的途径。

也许，你想直接跳到后面的章节，立马查看冲突应对步骤的有关内容。我们完全能够理解你。不过，我们也在本书中强调了耐心和自我觉察的重要性。书中的第五章明确指出，当你卷入任何关乎他人的冲突时，你都必须先行盘点自己给冲突中带入了什么。

> 当你卷入任何关乎他人的冲突时，你都必须先行盘点自己给冲突中带入了什么。

我们确信你会对冲突中的各种情绪进行梳理，这看上去像是一个拖延的行为，其实是一种真正有益的举动，你将会受益良多。而且，这也可能有难度，所以我们强烈建议你在相对坚实的个人和专业基础上开展反思练习，同时要有亲密的朋友、伴侣或者同事在身边时时支持你。

如果在你卷入的冲突中，还有其他人也在读本书，那你将有可能得到更多支持，因为你们可以共同学习应对冲突的知识和技能。如果你和同事一起读本书，那么第二章的练习将非常适合你们作为团队共同发展应对冲突所需的技能。对所有从事幼儿教育的人来说，能够彼此分享的自我反思都堪称"无价之宝"。

我们俩还关注个人反思与冲突发生时的即时反应，为此，书中引用了一些实用的基础内容，这些内容在制订工作计划或新员工入职培训时可能会用到，诸如项目使命声明、岗位描述和幼教专业领域标准，如全美幼教协会（National Association for the Education of Young Children，NAEYC）的《职业道德准则》（Code of Ethics）等。本书第六章提供了在冲突情况下如何使用这些工具的实用指导。不过，如果你发现自己正处于制定这些内容的初期阶段，建议你直接使用专业学习共同体①（professional learning community，PLC）中的活动，以及与制订计划或建立新团队有关的外部资源。这时，对你来说，全美幼教协会、开端计划（Head Start）以及当地的幼儿教育资源实体等都是很好的工作起点。

希望本书不仅是你打开阅读的书，也是你练习反思的书，更是你遇到新的冲突时会再次阅读的书。无论你是独自阅读还是与团队一起阅读，我们俩都很高兴你能加入"穿越冲突之旅"。

让我们开始吧！

---

① 作者在这里分享学员的学习状况，以及他们感兴趣的更多相关信息。——译者注

第一章
界定冲突

欢迎你和我们一起踏上"穿越冲突之旅"！

先来看看这个貌似显而易见的问题："冲突"到底是什么意思？

当使用"冲突"这一概念时，与使用很多其他抽象概念一样，我们往往假定别人理解我们想表达的意思。遗憾的是，绝大多数人事实上都难以清晰地给"冲突"下定义，不管是面对自己还是面对他人而言都是如此。更糟糕的是，人们通常在还没有弄清楚冲突到底是什么的时候，就启动一系列的相关行动。

因此，定义冲突是找到解决方法的重要部分。这个定义可以帮助我们理解要如何处理某种情况，以及我们重视什么、优先考虑什么，它也可以帮助我们与之发生冲突的人。但这并不容易。

> 定义冲突是找到解决方法的重要部分。这个定义可以帮助我们理解要如何处理某种情况，以及我们重视什么、优先考虑什么，它也可以帮助我们与之发生冲突的人。但这并不容易。

经常有教师或管理者压低嗓门问我："你们非要把这个工作坊叫作'冲突工作坊'吗？我的意思是，'冲突'听起来……好刺耳啊！"有时，人们认为我们所采用的"冲突"这个词非但不能就如何应对冲突这一问题提供一些让人感到宽慰的见解，反而会制造新的冲突。

多年来，我们俩一直在试图完善对冲突的定义，而且每一次努力都增进了我们俩对人们带入冲突情境中的文化、组织和个人等一系列因素及其复杂而微妙的作用的理解。正因为这样，我们俩谨以谦卑之心把本章专门用于界定冲突。

类似于冲突，在你的学习过程中，细节也相当重要。所以，当你阅读本书时，请不时地停下来结合你目前正面临的一两个冲突的具体情形写下点什么，比如你如何判定什么是冲突？什么不是冲突？从而增进你对自我决策的了解，不断充实和更新你对冲突的定义。

当然，我们俩无从知晓你所面临的实际冲突，所以将在下一节提供五个具体的冲突场景，并对其成因展开讨论，这五个冲突场景代表着我们俩这么多年来从幼教同行那里了解到的诸多现实冲突。在讨论的过程中，你可能会发现自己的冲突定义有所变化。别担心，请你记住，我们之所以界定冲突，目的不是要你和其他读者获得某个统一的冲突定义，而是促进你更好地理解自己的冲突定义，同时认识到他人也有属于他们的冲突定义，进而探索冲突反应背后的深层原因。

五个冲突场景

当你阅读每个场景时，请思考以下三个问题并做笔记进行记录：
- 这是冲突吗？为什么？
- 如果是冲突，那么是什么问题导致了冲突？
- 当你置身于这场冲突中时，你是否感觉不适？你打算直接面对还是回避逃开？

场景一

上班时间，你开车驶入停车场，刚好有辆车正驶离停车场。司机是另一个班的一位家长，他摇下车窗，斥责你在汽车保险杠上贴了带有政治色彩的贴纸。这是冲突吗？

如果这是冲突：这里的冲突到底是什么？司机责骂你？你保险杠上带有政治色彩的贴纸？司机认为责骂你无所谓？

场景二

你是一名幼儿园教师。最近,你在教室里悬挂了一些展示以儿童为中心理念的画作。一天早上,你发现搭班教师没有征询你的意见就把它们取下拿走了。这是冲突吗?

如果这是冲突:这里的冲突到底是什么?画作被取掉?搭班教师没有征询你的意见?你对搭班教师的决策缺乏信任,抑或是他们缺乏对你的信任?

场景三

你是一名托班教师。你班上有一个新来的孩子,他最近刚被人领养,紧接着就来到了你的班里。这个孩子在头2周似乎适应得很好,但最近会突然无缘无故地大发脾气。这是冲突吗?

如果这是冲突:这里的冲突到底是什么?孩子发脾气?你无法理解孩子发脾气的原因?

场景四

你是家庭服务部的主任。一位员工闯进你的办公室,愤怒地与你对质,因为员工们认定你在前一天晚上的员工大会上歧视他们,你感到非常震惊。这是冲突吗?

如果这是冲突:这里的冲突到底是什么?员工怒气冲冲地闯入你的办公室?他们的歧视指控?你的歧视行为?

场景五

你是一名教学指导教练。有个孩子屡次无视教师的课堂需求。正如你观察到的那样,孩子再一次忽视了教师的支架活动,你眼睁睁地看着这位教师替孩子完成活动任务。这是冲突吗?

如果这是冲突:这里的冲突到底是什么?孩子拒绝回应教师的要求?教师替孩子完成任务?你没有给教师反馈?

现在，请回顾一下你的笔记。对于上述五个场景，你认为哪些属于冲突？接下来，请你对照冲突场景思考一下自己若置身其中会有怎样的感受：舒服还是不舒服？并且，进一步思考：直接面对还是回避逃开？

请你务必花点时间这样做一做，行动将帮助你开始探索对你而言哪些冲突最具有挑战性。我们最不擅长处理的冲突，正是我们最不愿意卷入其中的那些冲突。

在接下来给冲突下定义的过程中，请你记得把笔记放在手边，以方便不时对照查看。

定 义 冲 突

以下是我们在工作中收集到的一些非正式的冲突定义，你可能会对其中的某些定义产生共鸣。冲突是指：

"两个人在重要的事情上意见相左。"

"悬而未决的激烈争论。"

"两个或两个以上无法相处的人之间存在的问题。"

"长期存在的严重纠纷。"

"升级到虐待地步的困境。"

"无论这个人发生了什么，都与我无关。"

请问，上述定义中的哪一个最能代表你对冲突的理解？

接下来，我们将具体解读上述定义背后的逻辑。为此，我们先重回上述五个场景，并分享一些实践中的真实反馈。因此，请你再一次想一想自己面对的冲突。请记住，通过类似这样的具体行动，你不仅能学到很多有关冲突及其应对方式的知识，而且能够学到很多与自己有关的知识。

组织中的冲突

我们在幼儿教育环境中遇到的冲突不同于我们在个人生活中与朋友、家人或熟人之间发生的冲突，原因有很多。最重要的一点在于，工作中的冲突带有其组织特有的细微差别。无论是否有明确的说明，这些细微差别都以规则和期待的形式存在。我们就先从这些基础知识开始吧。

> 工作中的冲突带有其组织特有的细微差别。无论是否有明确的说明，这些细微差别都以规则和期待的形式存在。

当你在工作中遭遇冲突时，我们敦促你立即行动起来，找出你所在的机构用以界定工作关系的相关文件，比如托幼机构的岗位描述、员工手册、申诉流程、家长或客户工作指南等。如果你所在的机构没有这类文件，那么，发生冲突的当下就是开启相应对话的大好时机。你必须先弄清楚你所在的机构是如何描述冲突的，具有哪些过程性规范。幸运的话，你应该可以找到所有可用的人力资源以及相关文件。

至少你应该知道，在应对工作中的冲突时，有哪些程序可以保护你。如果这些程序存在，那么相关的人事材料对于你清晰界定工作冲突中的一些关键术语会大有帮助。尤其是在你面临的冲突已从可调解的人际矛盾升级到威胁你的职业福利或岗位安全的时候。此外，当冲突涉及骚扰和歧视时，你需要特别留意州政府或联邦政府的相关法律法规。我们还想再强调的最后一点是，你要把领导和人力资源专业人士当作重要资源。毕竟，他们经常接受相关培训，能够与你一起应对与工作有关的重大冲突。

当你仔细阅读机构的规定和工作流程时，你可能会发现，文本上所描述的工作场所与你每天面对的工作场所貌似大有不同。为什么会这样？原因在于：作为专门概念的"工作场所"，不仅是文本所指称的一个集合体，框架明确、行动意图清晰；而且，与其他人类集合体一样，工作场所实际上是一个变动不居的协作关系网络，它还在诸多关系的共同作用之下形成某种特有的组织文化。

也就是说：虽然制度性文件对于明确你在组织中的实际位置至关重要，且在发生冲突时不可或缺，但是世界上任何一本员工手册或申诉程序都无法囊括现实中组织文化的所有复杂性。我们所面对的工作冲突，恰恰就隐藏在这种复杂性之中。

组织文化中的冲突

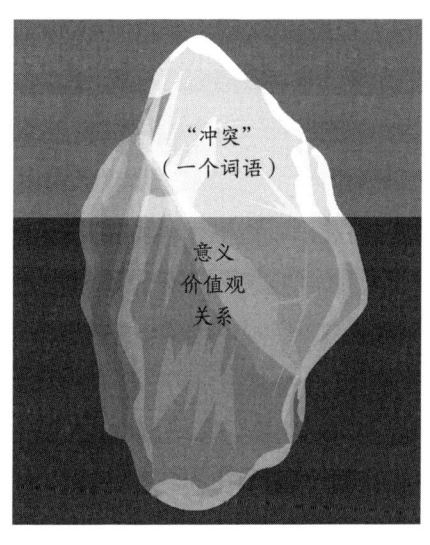

你可能已经看过大家熟知的冰山模型,我们借此展开对冲突的阐释。

我们身处多元文化之中,共享着工作和人际关系中的意义和价值观,彼此之间的所有交流也总是围绕着这些不断变化的文化而展开。因此,即使"冲突"作为一个词语始终浮于水面之上,显而易见且不会变化,但水面之下的冰山主体部分始终处于变动不居之中,或缩小,或变大,或漂移不定。

一旦身处冲突之中,我们往往就会把这个模型通通忘掉,只会把自己对冲突的理解当作应对冲突的决定性因素。此外,一提及"冲突",我们通常会假定他人和自己一样,既能看到冲突中显而易见的那些部分,也会把水面之下涉及冲突的意义、价值观和关系等内容都默认为共识。

这是个要命的大问题。你可曾留意到:一旦陷入冲突,你就有可能语无伦次,你原以为的那些共识、关键他人或者共同期望实际上并不存在,每个人都各有心思?刹那间,你发现自己混乱不堪;在冲突中,你本以为关系良好的那个同事转眼成了另一个人,一个价值观和你完全相反的陌生人。

冲突中的意义、价值观和关系等因素具有重要的影响。然而,那些遭遇冲突,前来寻求我们指导的机构并未对此做出应有的阐释和说明。在此,我们进一步重申:任何组织或机构若想提升员工应对冲突的技能,都应为此投入时间和精力。倘若无法做到这一点,工作场所中的缄默文化必将助长冲突。

大多数机构通常把宣传重点放在对积极理念的倡导上,例如强调共同合作、积极心态或是达成共识等。遗憾的是,简单地申明,很难真正转化成实际行动。何况,只关注积极面往往就意味着避开消极面。人无完人,我们难免会遇到无法合作的同事。一旦发生冲突，我们自然就会把问题归结在他们身上，并且拒绝站在他们的立场上看待冲突。如果机构也对此保持缄默，人们就可能把那些无法实现的组织理想当作个人的失败。特别是对于那些正在冲突中挣扎的教职员工而言，组织缄默本身就好比无声的审判，令人不堪重负。

因此，为了厘清冲突的定义，我们需要在制度和个人层面同时打破组织缄默。毕竟，工作场所文化是个体文化的"大杂烩"，人们带入职场中的个体文化涉及地域、家庭、信念和种族等五花八门的因素。在探索职场中的多元文化时，既要深究个体文化间的细微差异，也要提供支持感。人们一旦感受不到支持，就很有可能自我封闭或自我保护，从而把意义、价值观及关系等要素隐藏在冲突背后，使多元文化的探索不能发挥积极作用，反倒增加了冲突的紧张度，放大了其阴暗面。

五大问题

无论你正面临何种冲突，请试着对自己提出以下问题，它们非常有用。请你特别留意有下划线的文字，它们大都来自本章开头所提及的非正式定义：

- 你和对方是否同样认为冲突<u>重要且严肃</u>？
- 你们当中是否有人认为<u>冲突尚未解决</u>，另一个人却认为<u>问题已得以解决</u>？
- 你们的交流是否会让其中一人觉得<u>安全</u>，另一个人却觉得<u>不公平</u>？
- 你们的冲突是否对其中一人而言是<u>突然出现</u>的，但对另一个人而言是<u>长期困扰</u>的结果，而且目前仍处于<u>进一步恶化</u>中？
- 你们当中是否有人抱怨彼此<u>无法相处</u>，但另一个人觉得<u>"与我无关"</u>？

现在，请回想你当下正面临的某个冲突情境，或者设想一下当你遇到前面所列举的五个冲突场景时你可能出现的反应：

- 哪些问题让你深有感触？
- 哪些问题让你不好回答？
- 哪些问题让你觉得无关紧要，或者，你认为可能与你无关但与他人息息相关？

- 你是否留意到,在你思考这些问题的时候,最初看似简单的冲突变得越来越复杂了?

欢迎你参与冲突之中。你可能和大多数人一样,希望通过准确定位这种方式开始着手应对冲突。但是,在经历了惨痛的教训之后,我们才认识到,至关重要的第一步是认真思考并回答下列问题,以及重视隐藏在这些问题背后的真正含义。

想要应对冲突,你个人的字典里不仅要能清晰地界定"冲突",还要厘清其他几个相关术语。

- 你如何定义"重要"?
- 对你来说,什么时候沟通是严肃的?什么时候是激烈的?
- 你判断冲突得以解决的标准是什么?

应对冲突,需要知己知彼。只是查阅自己的字典还不够,你还需要同步查阅冲突对方的字典。

最理想的情形便是冲突双方进行友好交谈,先列出一长串关键概念,然后满怀热情地就这组关键概念达成共识。这看上去很好,对不对?但实际情况与此相反,冲突几乎不可能允许人们在一开始就有这种理性的交流。因此,我们将提供界定冲突的两个基本步骤,这是冲突得以成功解决的坚实基础。

第一步:认真倾听对方认为重要的事情。他们是在说"尊重"吗?他们认为当时"不同频"?很显然,你不能只在意自己认为"严肃"和"重要"的事情,还要倾听他们运用这些词语时实际表达的真正含义。

第二步:提出一个看似基本的问题:"你所说的_____是什么意思?"事实上,这个问题真比看上去复杂多了。要回答这个问题,需要同理心(而不是防御和敌对)、逻辑性(而不是情绪反应)和真实性(而不是虚情假意地"感兴趣")。这就是美国哈佛商学院教授弗朗西丝·弗莱(Frances Frei)在演讲中概括的"信任"三要素。换言之,"你的意思是什么?"这个问题之所以如此强有力,是因为它足以表明你正在以带有同理心、逻辑性以及真实性的方式介入冲突,并着手寻找应对冲突的办法。

当你真诚地询问"你所说的＿＿＿＿＿＿是什么意思？"时，对方的回答有助于你触及冲突的根源，你将会了解到对方关乎冲突的意义和价值观，这些意义和价值观经由冲突呈现，对于你及与你共同应对冲突的人而言都相当重要。作为回应，你将有机会阐明自己的意图与价值观，从而启动双方的对话，这才是更重要的事情。大多数情况下，这种对话将带来某种解脱，哪怕很微小，但非常有意义。它不但可以使冲突双方摆脱有关对错的纠缠，还会拓宽你看待冲突的眼界。

冲突中的你

自冲突研究伊始，我们俩就坚持强调基于对方立场觉察冲突的重要性。多年来，我们俩始终认为换位思考极其重要。这些年，我们俩也水到渠成地完成了另一个关键步骤，这个步骤正是每次冲突都关涉的核心问题：认识冲突中的"你"。

我们俩喜欢用一句波兰谚语来比拟冲突，这句谚语的大意是："不是我的马戏团，不是我的猴子。"作为幼儿教育工作者，我们常常会走进不属于自己的"马戏团"，试图驯服不属于自己责任范围的"猴子"。作为冲突中的问题解决者和纠错者，我们经常得益于这一妙语的提醒，从而保持清晰而稳定的工作边界。

不过，这则谚语一旦作为忠告就不适用于冲突情境。根据冲突的定义，你所面临的任何冲突都是属于你的冲突。也就是说，冲突不但是你的"马戏团"，而且你也是其中的一只"猴子"。

换言之，在冲突中，你就是参与者之一，哪怕你只是对他人的行为产生了反应（或者没有反应）。毕竟，只要你身处冲突，就意味着你已经进入冲突的领地之内，这就是"冲突中"的字面意思。

这一点显而易见，足以抵消具有一定典型性的某些反应，比如："看吧，这是他们的事，与我无关。"是的，只要你身处冲突之中，你就肯定会把全部的"你"卷入，尤其是不理性的、不合逻辑的且混乱的那部分。

> 冲突中的你不单会把你所了解和认可的那部分自己卷进来，而且会把你可能尚不了解、尚不认可的那部分自己也卷入其中。

因此，冲突中的你不单会把你所了解和认可的那部分自己卷进来，而且会把你可能尚不了解、尚不认可的那部分自己也卷入其中。要接受这一点是很有挑战性的，毕竟，几乎没有人愿意承认自己的缺点。当你在冲突中开启智慧、厘清思路时，你可能也会引发自己的非理性行为、防御反应以及混乱感受，你将直截了当地表达，将冲突表面之下含混不清的意义、价值观与关系都搅和进来。

若想在冲突中游刃有余，你就需要耐心，留意冲突中混杂的清明与困扰、觉察与蒙蔽。

你可通过思考如下问题进一步了解冲突中的"你"自己：

- 哪些经历常常会在工作中给你带来冲突？在家庭中呢？在社区中呢？
- 当你处于冲突中时，哪些意义、价值观和关系对你来说是最重要的？风险最高的又是哪些？
- 当你使用"尊重""理解"等概念提及意义、价值观和关系时，这些词语的确切含义是什么？
- 当你的冲突得以解决时，实际解决了什么？

反思上述问题有助于凸显理性的、合乎逻辑的冲突视角，也有助于你在面临棘手的情况时审慎地思考冲突定义及相关假设。请你认真对待这些小任务。在冲突应对工具箱中，它们是相当重要的认知练习工具。

当然，只是完成这些认知小任务远远不够。你在冲突中所需要的不仅是认知技能。冲突是一种情绪性的、具身性的经历，冲突中的你会感到恐惧或愤怒，会恼羞成怒或义愤填膺；语速会时快时慢，音量会时大时小；肩膀和下巴紧绷；目光转向别处，或紧闭双眼；冒汗；结结巴巴；屏住呼吸。

所以，你可以通过回答以下问题来调整笔记，从而了解你在冲突中的情绪感受。

- 当你在工作中遭遇冲突时，你通常会有哪些情绪反应和躯体感受？如果冲突发生在家里呢？或是在社区环境中呢？

- 哪种意义、价值观和关系使你感到紧张、愤怒或恐惧？
- 冲突解决后，你通常有怎样的躯体反应？情绪反应呢？有哪些情绪消失不见了？

我们已充分认识到，优先考虑冲突中的想法而忽视冲突中的感觉和情绪，是件高风险的事情。但请你不要误会，身处冲突中时，逻辑相当重要，逻辑和理性能让我们尽可能地避免犯错。其中，逻辑也是把非理性自我从冲突中抽离出来的一种方式。毕竟，不管我们是否喜欢，那些混乱的、不安的情绪一直是，也始终是冲突的一部分。

冲突中所有的"你"

在本节，我们俩参考了很多资料，借鉴了反思性督导技术，设计出一种简洁明了但功能强大的练习，以此帮助你更好地觉察冲突中的情绪影响。其中，反思性督导作为人力资源管理的一项技术，鼓励督导者与受督者围绕工作展开开放且坦诚的讨论，其中很重要的一部分内容就是探索我们内心深处的情感和欲望是怎样在工作中得以表现的。

当督导员把反思性督导技术用于幼儿教育工作领域时，他们既会与我们讨论和幼儿或其家庭成员相处情境中的特定细节，又会探讨复杂的情感、欲望和意图如何作用于我们在该情境中的工作。督导员为探索过程提供各种便利，敦促受督者检视复杂的意义、情感和经历；提供支持和相关信息，帮助受督者更好地回答自身的问题。这种探索具有双重功能，对幼儿教育工作者而言尤显重要，因为人们期待他们面对所服务的儿童和家庭时能够做到同样的事情。

反思性督导通过上述方式激活关系中的并行过程，聚焦于某种关系对其他关系的影响。从这个意义上说，反思性督导过程创造了某些相似之处，例如督导员与受督者以及教师与学生的关系中存在的一致性。

我们在实际观察中已经发现，教师和不听话的孩子之间的互动方式与其和同事、上司及家长之间的互动方式存在着相似之处；回避愤怒的孩子的教师，也会回避愤怒的家长；忽视痛苦哭泣的孩子的教师，似乎也会与陷入悲伤情绪的同事拉开距离。

相关研究表明,不同关系中冲突应对方式的相似之处与其共同调节能力显著相关。共同调节作为一种复杂而重要的人际互动模式,是个体借由此模式,随着时间的推移,逐步构建自我调节及对自身想法、行动和情绪进行管理的能力。安全、健康的成年人—儿童关系的关键在于共同调节能力(Rosanbalm & Murray,2017)。成年人拥有健康的自我效能感,才能在与儿童互动时进行共同调节,从而促进儿童自我效能感的发展。

反之亦然,那些自我效能感失调的成年人会对儿童的社会交往、情感和行为发展产生消极的影响。目前,这项研究仍在进行中。不过,我们确信,成年人为孩子们创设的环境如果有害,就会对儿童的同伴互动和自身情绪管理产生消极影响(Murray,Rosanbalm, & Christopolous,2016)。这就意味着,你对工作情境中的自身反应进行管理的能力是环境的重要组成部分,环境正是你与你的各种关系在互动中共同创设并得以维持的产物。

接下来,请你运用反思性督导工具进行练习,以此梳理自己在冲突中的情绪反应,特别是要识别出令你陷入工作失调状态的那些情绪。

请拿出一张白纸,先在纸上书写以下词语:

悲伤 愤怒 失望 沮丧 羞愧 恐惧

接下来,请你花点时间,回忆最近工作中让你感到棘手的两三件事情,比如令人沮丧的家长、行为失调的幼儿或难以相处的同事。回顾时,请试着对当时的感受加以识别。

请你保持回顾中的自我觉察:当时,你在面对哪些情绪时感到放松且安全?请你在这种情绪词语上打"√"。我们的目的并非要你喜欢上这种情绪,而是在和你一起探索:日常生活中,当你面临类似情形时,你是否有被接纳感?

除此之外,如果当时你还感受到诸如兴奋和喜悦这类积极情绪,请你也写下来,这会很有帮助。

例如,克里斯一直在思考这个问题。

我在整个职业生涯中都是从事教育工作，平时我最引以为豪的成就之一，就是看着我指导过的学员迈上新的职业阶梯。上周，这样的好事就发生在我最喜欢的两位班主任身上，他们俩分别成为特级教师和园长，就在我任职机构下属的另一个机构。看着他们优雅而睿智地过渡到新的领导团队，我内心深处不禁感怀。毕竟，我们共事多年才换来了这一刻。

但是，这份伤感并没有让我觉得尴尬或者不安。相反，我觉得这种伤感是正常的，我没有感觉失落。我在自己身上觉察出的这一点，就像其他那些和我处于同一个职业阶段中的人们一样。事实上，每当想起我看重和欣赏的教师们成长为领导的那些美妙时刻，我甚至有点喜欢上了这种伤感。

克里斯的叙述看上去完全没问题，对不对？

是的，你要找的就是这样一类情绪，哪怕它们并非"积极正向"，但能让你感觉良好。

你是否勾选出了令你感觉良好的情绪词语？好极了！现在到了更棘手的部分。

看看剩下的情绪词语，圈出那些让你感到不舒服或者不安的情绪词语，它们可能会引发你的身体反应。那是一些身体一旦感觉到，大脑就会反应出"哦，不"的事情，如果你还能回忆起来的话。

例如：很不幸，克里斯蒂娜最近一直挣扎在她认为最难对付的情绪中。

我最近开始了一份新的工作，是在一个有38名教职员工、约150名儿童的幼儿园担任园长。这份新工作实在太难了。我要在全新的工作环境中，与新的员工以及新的儿童与家长一起工作，我必须面对很多意想不到的挑战。但是，我真正的挑战并非来自外部，而是来自我的内心。

最近，正值流感高发期，我们园一连好几天都有十几位教师因为生病或者照顾生病的家人而请假，几乎每个班都面临人员配置与调整的问题。我们园在天气状况还不错的时候人手就很紧张，事实上任何幼儿园的人员配置都是个棘手的问题。但是，我自己知道，这不是我内心冲突的根源。

我清清楚楚地知道，工作上的挑战是不可控的外部因素造成的。但是，我越来越强烈地感觉到自己正让大家失望。我当然知道，我不可能改变每年都会发生的流感季,而且我已经和同事们一起利用现有资源制定了尽可能完备的人员配置方案,但我就是深感自己责任重大,必须尽全力去帮助那些仍在上班的教师平稳地度过充满挑战的一周。

这是责任感,但它很快就转化成内心的羞愧感,并带来了自我怀疑。即使我每天出现在大家面前时都表现得胸有成竹,并真诚认可教师们的努力,但是随着时间的推移,我内心的羞愧感越来越重。

面对流感季这类情况,大多数园长都会有一种责任重大的感觉。但是,我相信自己身上强烈的失调感肯定与我内心的羞愧感密切关联。近日来,我经常在半夜醒来,满身是汗;我经常在下班路上忍不住地哭出来,以前的我从来不会这样;我发现自己一有压力就大吃甜食;最可怕的是,哪怕面对我最信任的人时,我也会有疏远的感觉。

克里斯蒂娜所经历的就是这样。所以,请你像勇敢的克里斯蒂娜一样,找出让你陷入失调状态的那些情绪。

现在只剩下了最后一步。

强烈情绪与共同调节

请你再一次回顾最近一两周发生在工作中,特别是师幼互动中的糟糕时刻。请对照上述的每一种情绪词语,用方框圈出他人特别是孩子让你感觉到不舒服的情绪词语。有些情绪词语,可能被你既画上了圆圈,又画上了方框,这没关系。

> 当我们与孩子们建立联结并接纳他们所有的感受时,我们才能更好地为他们服务。

这些被画上方框的情绪词语,很有可能就是那些让你想远离孩子,你却美其名曰"给他们空间"的情绪;也是那些让你在孩子明显遇到了什么事,却令你说出"你没事的!"的情绪。当我们与孩子们建立联结并接纳他们所有的感受时,我们才能更好地为他们服务。那么,你认为哪些情绪感受难以通过同理心和亲密的关系得以确认?

比如,对克里斯而言,伤感绝对不可能是一种难处理的情绪。克里斯的应变能力强,可以和那些因入园分离焦虑或错失机会而流泪的孩子们建立联结。相比较而言,克里斯蒂娜的情绪感受有所不同。由于克里斯蒂娜在处理和接受自己的羞愧感方面存在困难,她很有可能在与其他人相处时也会遇到同样的挑战。一旦孩子们表现出难以接受羞愧感,她的大脑就会立刻告诉她逃跑:"这太难了!"

我们之所以专门提到这些重要的情绪,是因为它们对于应对冲突而言至关重要,而且在每一场冲突中,它们总会出现。冲突可能从一开始就会带来很多令你不舒服的情绪,如愤怒、失望、恐惧、沮丧或羞愧等常见的个人情绪。为了避免这些情绪感受,人们通常急着把冲突处理掉,这并非出于冲突本身的威胁,而仅仅是因为冲突带来的这类情绪实在令人备受煎熬。一旦冲突引发了这些高风险的困难情绪,无论是你自己还是冲突中的其他人,都有可能完全不知所措。

认识到这些困难情绪的影响,对于我们理解自己在与其他成年人的冲突中的自身角色至关重要。不过,你或许已经猜到了,在与年幼儿童的冲突中也是如此。请你仔细看看那些被你圈了两次的情绪词语。有助于促进孩子情绪健康发展的师幼互动,必然包含着每种情绪,甚至是你不喜欢的情绪。

儿童正是通过共同调节机制来模仿成年人对情绪的反应和回应。因此,成年人可以通过两种方式支持儿童的社会性发展与情绪情感发展。首先,榜样示范。我们如果想让儿童很好地表达情绪和管理情绪,就要以身作则,做好榜样,特别是当情绪激动或状态不好时,我们更要先管理好自己的情绪。其次,我们与儿童的谈话方式就是他们自我思考及自我对话的方式。所以,在回应儿童的过激情绪时,成年人必须要有耐心,能理解他们。我们这样做到了,儿童才有可能在遭遇过激情绪时,真正明白困难情绪是正常的暂时现象。假如在面对各种各样的情绪,特别是那些令人难受的情绪时,我们作为成年人都无法给予合适的回应和支持,那么,这肯定会对我们深爱着的儿童造成影响,导致他们在情绪管理中遭遇挑战、陷入困境。

反思冲突中的"你"

我们都用过这类练习来探索冲突中的自我倾向,并以此支持他人在反思中找到自己。渐渐地，我们都已成为这方面的专家，擅长将愤怒、沮丧的成年人和暴躁、乱发脾气的孩子联系在一起。

反思并在反思中发展出谦逊的自我意识，这不是件容易的事情，对你来说也同样如此。不过，话虽如此，我们始终心怀希望，你们也要抱有希望。记住，整个幼儿教育专业领域建立在"人类可以改变和成长"这一基本假设之上。我们知道，代际传递效应并非命中注定、无法更改；我们明了，无论照料者与孩子是否有血缘关系，他们同样都可以对孩子们所体验到的情绪进行指导，甚至都可以做到让孩子们面临任何一种情绪时都能体验到某种良好的感觉。

自我反思也可以改变和发展冲突应对方式，并因此形成应对冲突的个人风格。当你开始对自身经历进行反思练习时，请从以下这些基本问题开始：

- 它引发了你怎样的感受？
- 哪些经历让你特别有共鸣？
- 哪些经历让你感觉艰难？
- 哪些经历让你觉得重要？

现在，请面对被你圈出来的那些情绪词语，留意当下它们所引发的情绪感受：

- 这些情绪带来的身体感受有哪些？
- 恐惧会让你耸肩驼背吗？
- 愤怒会让你握紧拳头吗？

对于本书而言，你需要反思的最重要的问题是：

- 冲突什么时候激发了你的不安全感和危机感？
- 当时你正和谁在一起？
- 具体是什么时候？
- 那时你做了些什么？

只有当你开始尝试对上述困难情绪进行理解时，你才能学会清晰界定冲突并且面对冲突所带来的威胁。当然，单凭你的认知并不足以让你驾驭这些复杂的情绪，你肯定无法仅仅依靠思考就掌控它们。然而，当你对这些情绪感受的作用方式有所认识和觉察时，你才能更深刻地理解自己是如何定义冲突的，以及冲突到底是怎么一回事，从而，在实际面对冲突时，你才能找到更多的应对办法。

重回五个冲突场景

通过阅读本章前几节内容，我们相信，现在你已经对冲突的定义有所了解，并对冲突带给你的情绪复杂性有了些许谦卑感。现在，是时候让我们把思考和体验整合起来，以此对前文五个冲突场景重新加以审视和解读。

请你继续做笔记，一点一点发展自身的基础技能。在接下来的练习中，你将会学到"换位思考"这个重要工具，从而理解个人的观点是如何影响我们引发并参与冲突的。

场景一
幼儿园其他班的某位家长摇下车窗，呵斥你在汽车保险杠上贴了带有政治色彩的贴纸。

以下是来自工作坊参与者的一些典型反应：
"他们需要管好自己的事。"
"那是他们的问题，与我无关。"
"我有权拥有和表达自己的政治观点。"
"这是我的车，我有权选择在上面粘贴什么。"
"我只想上班，不想吵架！"
"这不是问题，因为我不认识那个人。"
"他们无权质问我。"
"好吧，我想这是冲突，但我会选择忽视他们。"

正是这类第一反应让我们开始追问冲突的定义:这里的冲突到底是什么?虽然很多人都认为这位家长没有必要挑起冲突,但是经常也有人指出:带有政治色彩的贴纸本身就是挑衅,会迫使他人在面对某一特定的政治观点时,要么同意,要么反对。这就提出了一个亟待回答的问题:假如我们无意间引发了他人的冲突性反应,那我们该承担多大的责任?这是一个涉及意图与影响的问题,在此暂不讨论,本书后面部分会接着分析。

回到本次冲突场景:请你评估一下,当你置身这场冲突时,你的不适程度。第一次读到它时,你有什么感觉?对此,我们收到的回应各种各样。不少人表示自己会介入这场冲突,他们认为,由于你并不直接与这位家长共事,所以导致关系后果的风险很低。也有人出于同样的原因选择不介入冲突,他们的理由是:对方是陌生人,所以你没有责任介入;何况这样做会有风险,毕竟你并不知道冲突是否会升级,更不知道它将如何升级。到底介入还是不介入?你的反应与上述两极分化的参与状况相比,有何不同?你是否有类似的反应?

本书正是通过上述场景开启了对冲突定义的讨论,现在我们也要通过它来说明冲突中意图与影响的重要性。我们设想很少有读者愿意主动唤起诸如愤怒、恐惧和挫败之类的情绪。但是很不幸,你的意图与实际影响之间很少存在一致性,并且,即使两者之间有明显的差异也无法免除自身行为对他人造成影响的认知责任。

面对上面这个场景,有些读者可能还会相当真实地体验到安全感(我在自己的车上,可以开车离开)或威胁感(如果有个愤怒的人挡在我前面,我无法摆脱他怎么办?)。这些反应引发了一些具有挑衅性的质疑,通过它们,人们开始进一步探索隐藏在这些反应背后的假设。比如:这个人的性别是什么?种族是什么?体形怎么样?开什么牌子的车?保险杠上的贴纸到底写着什么?另一辆车上的司机到底说了什么?

通过这些提问探索人们填充到几乎空荡荡的场景中的各种细节,这种做法有助于深入冰山之下挖掘出冲突所裹挟的各种意义、价值观与关系。与此同时,"该场景唤起了什么样的情感?"这个问题也可能引发人们产生各种情绪,从无聊、恼怒、恐惧,甚至到愤怒。可追溯至童年的独特的个人生活经历，可以让我们确定这类遭遇是否在自身的安全感范围内，这是很正常的事情。

对于所有的冲突，当我们置身冲突并做出各种反应时，我们彼此带入的自我交织在一起。比如，对方特别在意他人是否购买了国货，而你恰巧开着一辆日本车；又比如，冲突时，也许对方正处于家庭或工作的巨大压力之中。对于冲突中的这一切，我们其实无从知晓。

场景二
搭班教师没有征询你的意见就撤掉了你之前展示的以儿童为中心理念的画作。

这个场景能够在瞬间让很多幼儿教育工作者情绪激动。以下是一些让人深有感触的常见反应：
"这当然是冲突！她没有理由撤下我布置的展示。"
"算了，没什么大不了的，只是一些艺术作品而已。"
"这也太无礼了。至少应该先征求一下我的意见。"
"说实话，我只会问她为什么要把这些作品撤掉。"

对大多数人来说，定义这个场景中的冲突很简单：搭班教师在把作品拿下来之前没有询问你。但是，当被问及"介入冲突时你是否感到不适？"，大家的反应总是多种多样——老实说，我们并不相信所有的回答。

例如，很多参加工作坊的教师都说出类似的话："当然，我很乐意回答这个问题。我的意思是，这真的不算冲突，只是一次简单的交流而已！"我们曾担任过幼儿园园长，确实在工作场所中多次听到教师们这样说过，而且这类看似简单、算不上冲突的情况根本没有得到解决。事实上，这类冲突非常复杂，让人很不舒服，而且那么多，以至于教师们都力图忽略这些问题，或者干脆"随它去"。

我们坚信，在幼儿园的生活中，这种情况每天都会发生无数次，而且只要一发生就会引发火上浇油的累积效应。事实就是如此。我们工作坊的前期调查表明，当被问及与绝大多数工作冲突都有关的诱发因素时，几乎所有人都选择了"小事升级"——彼此间的小误会成为破坏关系的因素；小差错一再重复，进而变成人格侮辱；未能觉察到某事会让他人觉得不受尊重。

那么，上面这个场景中到底发生了什么？隐藏在表象背后的是什么？搭班教师撤掉了画作，这是无心之举还是复杂的教室权力之争？教师团队关于课程理念和儿童发展的理解是否各有不同？团队中谁有权力决定并需要做出哪些调整？年龄、资历、职务、证书重要吗？某位教师是否深受园长或家长的喜爱？

还有，这场权力之争的解决过程是否透明？不同岗位的教师的期待是否明确？教师们会遵守吗？教师们是在真正合作还是各自为政？面对这些情形，他们是否避而不谈、实际行动却备受牵制？

场景三
一个最近刚被收养的学步儿时常突然莫名其妙地大发脾气。

基于对儿童发展与创伤影响的了解，我们这些幼儿教育工作者对这种情况几乎总会做出富有同理心的一致反应。

"他现在正经历很多事情，他大哭是有道理的。"

"我们的工作就是帮助孩子应对他们的所有情绪，哪怕这些情绪是突然出现的。"

"大哭是孩子的一种表达方式"。

这个孩子正在经历巨大的转变，情绪爆发是常见的事。我们深切地意识到自己对婴幼儿的责任，其中包括帮助他们学会应对这些强烈的情绪。

话虽如此，但很多教师发现，与处于情绪困扰中的婴幼儿相处很困难。尽管大家都明白依恋的重要性，但当实际情况引发了内心深处的情绪警报时，教师们会发现与孩子建立足以支持他的关键纽带相当困难。如果教师自己都无法很好地面对愤怒和悲伤，又如何能应对孩子的暴脾气呢？如果教师自己正因遭遇某个生活事件而处于伤心痛苦中，又如何面对一个伤心啜泣的孩子呢？

如果痛苦的人是成年人，会怎样呢？我们发现，总的来说，对于同样陷入强烈情绪中的情形，人们给予孩子的理解和耐心要远高于给予成年人的。当孩子陷入痛苦的境地时，我们通常通过询问"发生什么了？"来与其沟通，而在面对陷入痛苦的成年人时，我们有时会用保持距离的方式，期望他们振作起来。

最后，请好好思考这个场景并回答本章的核心问题：这是冲突吗？对谁而言？以何种方式？你是如何"置身"这场冲突之中的？

场景四
一名员工冲进你的办公室，愤怒地质问你，指控你歧视。

这个场景引发了混杂在一起的多种反应：
"这取决于我是否真的歧视那个人。"
"绝对是个冲突。歧视问题必须得到解决。"
"这可能是个误会。"

在工作坊中，我们喜欢说："要确定某件事是否构成冲突，这可能很棘手。"不过，这个场景绝对是一场冲突。这是我们在回应"这是冲突吗？"这个问题时，唯一一次有"正确答案"。这个场景凸显了冲突中有关意图和影响的一个关键观点：无论你的意图是什么，也不管你是否乐意，只要你的影响被认为带有歧视性，那就意味着你已身陷冲突之中。

偶尔会有些教师倾向于意图，并试图用"不是我的马戏团"（与我无关）来进行辩护：他们没打算做任何带有歧视性的事情；这是无意之举或是个误会；那个声称受到歧视的人过于敏感了。这些立场是错误的，也是危险的。针对工作场所中的歧视指控，你要按照所在机构针对此类指控的程序行事，这些程序必须依据相关法律进行制定。此外，立即采取行动是最好的，也是唯一的做法。

因此，虽然我们希望我们提出的应对策略能在各种冲突场景中都有一定的指导意义，但是在处理歧视指控时，我们特别提醒你，情况完全不同——要联系园长或人力资源部门，做好记录，寻求法律或个人支持。并且，你们务必要认识到——无论你的意图是什么——你正身处严重的冲突之中。

场景五
你是教学指导教练。有个孩子总是无视教师的课堂要求。你看到教师在替这个孩子完成任务。

当我们呈现这个场景时，大多数人都一致地认为这是冲突。不过，与其他场景相比，人们更难确定这个场景中的具体冲突到底是什么。
"这是冲突，孩子应该听从教师的指导。"
"也许是冲突。教师是否理解促进儿童发展的教育预期？"
"教学指导教练应该告诉教师怎么做。"

教学指导教练是否做错了什么？或者，他有做得不恰当的地方吗？那位教师呢？教学指导教练是否应该纠正教师的做法？教师是否想"正确"地做事？谁来决定什么是"正确"的？我们应该优先考虑谁的观点：教学指导教练的还是教师的？

在工作坊中，每当教师们就最后一个问题展开辩论时，我们经常提醒他们：实际上，他们还需要考虑第三个视角——孩子的视角！孩子正经历着什么？孩子遵守要求、教师主导活动和发展适宜性教育三者之间存在怎样的紧张关系？这种紧张关系还在不断变化吗？当别人介入你的活动并替你完成本该你自己做的事情时，你会有什么感觉？

面对这些提问，参与工作坊的教师往往以惊愕的沉默作答。成年人之间的冲突很容易掩盖孩子们的体验，以至于当被提醒要去关注孩子的体验时他们会感到震惊。有多少次当教师决意彼此沉默相对时，却从未想过这会影响同处一室的孩子们？那些长期存在于教师之间的琐碎分歧，从什么时候开始不断地破坏着教室的氛围？而与此同时，他们服务的孩子们始终置身其中。

虽然围绕这个场景就儿童遵守要求、发展适宜性教育和督学指导等话题展开辩论是件顺理成章的事情，但是我们更想通过提出一个核心观点来为本章做结，这也是促成我们撰写本书的重要问题。幼儿教育工作者一旦深陷冲突之中，往往会无视本应作为冲突底线的儿童利益。

> 幼儿教育工作者一旦深陷冲突之中，往往会无视本应作为冲突底线的儿童利益。

这意味着，我们在定义冲突时要谨慎地拓宽视角，不仅要想到其他成年人，更要想到冲突所影响的孩子们。是的，只要有人认为某种情况是冲突，那么它就真的是冲突。可是，孩子们通常保持沉默，即使发声，他们的声音通常也很小，需要有其他成年人来代表他们发声、定义冲突。幼儿教育工作者要承担起这种责任，要尽己所能地帮助孩子们理解和感受冲突。

反思冲突中的各种视角，包括我们自己的、冲突对方的、机构中孩子们及其家长的（这相当重要），其实是件相当困难的事情。如果你已历经反思，希望你能通过这些外部练习获得内心的平静。只要有人声称某件事是一场冲突，那它就是冲突，冲突就真的在那里。冲突没有放之四海而皆准的标准，对冲突的界定也始终处于不断的调整和完善之中。所以，每一场冲突都是一次学习机会。确实，冲突中的一切都不简单。

反思有助于我们看清自身经历如何影响冲突反应，并且学会怎样以智慧和关爱的方式做出回应。接下来，我们将在第二章探讨身陷冲突时如何有效回应。

第二章
从反应到回应

　　上一章的内容旨在强调精准定义冲突的重要性。为此，你需要同时考虑自己的冲突定义以及其他人的冲突定义，要通过反思探索冲突中的"你"到底是谁。现在，我们将展开进一步的探索，不仅向内审视自身的冲突反应，还要思考如何巧妙地回应冲突。

　　本书所有行动的先导，是将冲突反应转化为回应。我们在第一章中已经明确指出，你会把所有与自身相关的复杂意义、价值观和关系都带入冲突之中，特别是你感到恐惧、愤怒或羞愧时，更是如此。这些情绪所带来的威胁激活了你关乎生存的脑区，尽管这部分脑区在你接近狮子、老虎和熊等威胁性情境时表现卓越，让你能够快速做出反应，但它并不适用于你在冲突中进行自我反思、逻辑思考以及保持镇定。因此，当你置身冲突时，学会识别自身反应、暂停一下以及考虑如何回应，相当重要。

　　我们先提醒你，在接下来的学习中要做简单的笔记。现在，请你回忆一下自己在最近一段时间里遇到的冲突，从中选出一个，简单地描述它。你不需要和任何人分享你的笔记，你所选择的冲突经历也请尽量复杂、严重且棘手，这样你接下来的练习效果会更好。

　　一旦选中某次冲突，你就不必太在意它到底是个人冲突还是工作冲突，是发生在你和孩子之间还是你与其他成年人之间，重要的是你要实实在在地把这个写下来，尽可能地描述出更多的具体细节。细节是关键，因为你还会回到你所写的场景中，而非你对冲突的记忆或思考中。所以，如何讲述故事很重要！

　　现在，请你花 4 分钟写下你的冲突故事。请尽可能生动、形象地描述。

写好后，把它放在手边。

在接下来的学习过程中，希望你把刚刚写下的内容看作某种自传来进行实际探索。这些内容刚开始看着不好理解，我们会协助你学着如何解读它们。我们将通过由四个问题组成的解读工具来帮助你学会了解冲突中的自己，并基于自我理解开始装备自己的工具箱。实际上，这个认知工具不仅对你所记下的这个冲突有用，而且对于提升你未来的冲突应对能力也有价值。

本章活动同样特别适用于提升团队的冲突应对技能。仅从字面上看，你们所写的叙事故事是私人作品，本章的练习也是个别化的，我们绝不会要求你分享冲突的具体细节。但是，我们必须认识到，正是这些具体细节提供了探讨更具普遍性的冲突议题的机会。

对幼儿教育机构中的每位工作者来说，可供分享的自我反思都堪称"无价之宝"，对于那些面临棘手情况、需要开展大量人际互动的管理者和教练而言，尤其如此。所以，如果你正在考虑如何在工作场所中学以致用，那么请你和其他人一起练习。你将会发现，实际上这是很有趣的事情！

当然，我们承认这也有点冒险。不过，你放心吧，我们会和你一起冒险。

克里斯和克里斯蒂娜的冲突分享

为了帮助你更好地理解自己的冲突故事，我们觉得分享自己的故事是一种公平的做法。你当然可以始终保密，我们是自愿披露的，也事先征求了克里斯蒂娜冲突案例中可识别身份者（一位同事）的同意并删除了相关信息。

我们不想走捷径，尽管经常在面对某些冲突时陷入尴尬且犹豫不决的境地，但对这些不完美的努力进行探索相当有价值。我们在探索中相互支持，从而更好地认识和理解隐含在笨拙的尝试或误解中的共通的人性。

最重要的是，我们更好地了解了冲突中的自身角色，学会了如何在冲突中成为我们所希望的人——具有回应性的人，而不是受制于历史经验和习性反应的人。这不简单，但真的有效。

先来看看克里斯蒂娜分享的冲突：

我是一个大型幼教项目中的托班教师，当时正值领导层更替。我已经在这个项目中工作了多年，尽管我没有担任领导职务，但我和同事们的关系都很好。他们信任我，让我代表他们进行沟通和协调，我也乐意做这些事情。

有一次，因为我们这边人手不够，教学楼另一侧的项目主任不得不出面为我们制定作息时间表。她走进我的教室，把当天的时间表递给我，但它完全是错的。我只看了一眼，就把它扔在了桌子上，说了句"随便"，就回去继续上课了。

我感到非常烦躁，因为我不得不遵照一个与往常不一样的时间表来安排作息。更让我感到恼火的是，她事先没有和我商量。如果她来征求我的意见，我是可以帮到她的。这一天接下来的时间里，我一直耿耿于怀。当我再次见到她时，我几乎无法与她进行眼神交流。我觉得自己没有受到尊重和重视。

接下来，再看看克里斯分享的冲突：

几周来，我们团队一直在和一位家长就如何更好地支持孩子顺利地过渡到学前班开展合作。班里教师在接送环节专门和家长进行沟通，家庭法律顾问为了更好地了解孩子的居家状况，一再地和家长见面。

但不久，这个孩子出现了一些新的行为问题，在卫生方面给班里的其他孩子以及教师带来了麻烦，而且事态似乎在不断升级。于是，我认为是时候召开一次家长会了，大家一起讨论如何解决该行为问题，同时正好讨论孩子的入学准备问题。

我像往常一样，为了确保家长会有条不紊地进行，制定了逐点议程、设定了推进目标。尽管班里的教师因时间冲突无法到场，但我把所有可以提供帮助的团队成员都邀请到了，我一对一地向他们做了简要的情况汇报，以便在会前达成基本共识。

准备工作相当辛苦，但我仍为自己以及我的团队感到自豪。我们真的尽最大努力做好准备工作了，也将开诚布公，以确保透明，建立信任。当那个重要的日子到来时，我步入会场，心里明白：为了支持这个家庭和确保这次家长会取得成功，我已经用尽全力了。

但是，结果竟是一场灾难！

我虽然做足了计划，但在会议一开始立马就失去了对全场的把控。这位家长带了一位家庭律师参加会议，他就议程问题盘问我们，这让我们全都措手不及。我之所以制定议程，目的原本是让大家一起想办法，但他们坚信我是别有用心。

我一遍又一遍地表明，之所以请大家到这里来，目的是更好地支持孩子，与此同时，我的团队成员也着急地点着头，以此表达对我的支持。

突然，家长说道："我们知道，你们不过是想把他赶走。"

对我们团队所有人而言，这无异于一记重锤！我们尴尬地支支吾吾了好几分钟。等到会议结束时，情况变得比前几天糟糕得太多了。

当家长和律师离开后，我们大眼瞪小眼、面面相觑。

我太震惊了。想想看，我和我的团队历经艰辛筹备了一场堪称完美的会议，其目的就是给这个家庭提供支持。但是，在家长眼里，所有这一切不过是个开除孩子的阴谋！我的团队也忧心如焚。

拜托，这一切到底是怎么发生的？

运用四个问题进行反思

现在，我们和你都准备好了各自的冲突故事，可以一起开发应对冲突的工具箱了。为此，接下来的内容将围绕四个关键问题展开。在工作坊中，我们已经让数百名参与者用这四个问题对他们自己的冲突故事进行分析。

以这四个问题作为工具的目的有两个：首先，它们将帮助你了解自身的冲突反应，特别是大脑反应状况；其次，这些问题将很好地提示你在冲突中的可能反应，从而让你暂停一下、进行反思并想出更好的回应方式。

四个问题如下：

1. 你的话更能反映谁的看法？你自己的？还是对方的？
2. 在你的冲突故事中，你把时间更多用于关注冲突中的情绪体验还是冲突的结束方式或结果上？

3. 你把时间更多用于关注意图还是影响？

4. 回想一下冲突，其紧张局面带给你的不适感如何？你完全沉浸其中，还是急于摆脱？

请你结合手边的冲突故事对上述问题逐一进行回应。为了提供更多的支持，我们先分享一些来自工作坊的回答，供你参考。

谁的看法？

从上述两个冲突故事中可以看到，我们都把注意力集中在自己的看法上，这也是多年来工作坊中绝大多数参与者的一致做法。

这明显表明，我们都没有留意到与我们发生冲突的那个人的看法。克里斯蒂娜没有花心思去想象她的同事的解释，也没有想过请同事解释；克里斯几乎和地球上的每个人讨论了如何更好地组织这次会议，对，每个人，但除了本次家长会的中心人物——家长。

这只是两个冲突例子。实际上，我们在遇到的几乎所有冲突，包括实际经历的或是研究的冲突案例中，都发现了与上述这个相同的关键影响因素。冲突中的大多数人通常只注意到自己的看法，都致力于收集更多证据来证明自己的观点。正如一句日本谚语所说："透过竹管看天空，你只能看到一个小小的圆圈，而无法看到圆圈之外的整片天空。"

面对冲突和应对冲突需要诸多技能，此中之一就看你能否留意到冲突中其他人的看法，这既会影响自我觉察能力，也影响着儿童教育工作。有意思的是，尽管成年人大都倾向于关注自我，但在面对冲突中的孩子时，他们会问孩子："你认为，另一个孩子会有什么感受？"也许，他们这么问的目的是帮助孩子们去考虑对方的观点，但在我们听起来，这种做法更像是在指责孩子没能发现对方的观点。事实就是这样，很多成年人这么问孩子时，他们其实没有留意到儿童换位思考能力的发展性限制。

本书后续部分将继续对"换位思考"这一重要技能进行探讨。目前这一阶段的重点在于形成初级技能，认识到冲突中的每个人就像透过竹管看天空，难以看到冲突的全貌。

情绪还是结果?

社会情感技能的发展很像艺术创作,其过程和结果是一体的。也就是说,社会情感技能的学习及其价值并非某种结果,而是贯穿在整个实践过程中,且在过程中得以形成。然而,在面对冲突时,我们往往直奔结果;与孩子互动时,我们总想着直接给他们答案,这种一看到问题就想纠正的强烈愿望,名为"翻正反射",它在幼儿教育专业工作者与孩子们的互动过程中相当常见。但是,教师急于纠正的做法剥夺了孩子们的学习发展机会,违背了幼儿教育工作的初衷。

作为幼儿教育工作者的我们热衷于照顾他人,这种动机本来是好事。当遇到问题时,我们能够类似本能反应一样,利用多年工作经验轻松地找到适合每个孩子的解决办法。不过,成年人和孩子一样,都是在应对冲突的实际过程中学会更好地参与和应对冲突,光靠现成的答案根本行不通。

在工作坊中,当参与者对冲突的过程和结果进行反思时,我们发现了一个共性问题:哪怕有些冲突的解决方案令人称奇,但反思时几乎没有人对此加以关注。他们实际描述的大都是冲突中的情绪感受,比如自己曾有多么疯狂、多么悲伤,或是因被冒犯而如何愤怒。在与他人分享时,他们真正在意的是别人是否相信他们的各种感受,至于到底如何应对冲突以及结果怎样,他们基本上都不太在意。

例如,克里斯蒂娜始终围绕她的沮丧情绪展开叙述。其实,那天每位教师都得到了休息,可她的叙述中没有提到这一点。结果的重要性远不如她的情绪反应以及与之相关联的价值观(如交流、责任以及尊重等)重要。克里斯也一样,他在叙述中强调自己因勤奋、做足准备以及职业操守而自豪。至于灾难性的结果?嗯,他并不知道该如何做出回应!

> 我们一旦过多地关注自身或儿童冲突的结果,就会错过学习中的情感部分。然而,情感部分的学习将有助于我们更好地面对未来的冲突。

历经多年实践,我们已经明白绝大多数人都会这样。确实,即使冲突已经结束了,但人们仍会回到情绪上,而非结果上。换言之,哪怕冲突已解决,人们仍有可能再次陷入冲突的情绪中,重复体验当时的感受。因此，很有必要高度重视冲突过程，而不只是考虑尽快解决冲突。我们一旦过多地关注自身或儿童冲突的结果，就会错过学习中的情感部分。然而，情感部分的学习将有助于我们更好地面对未来的冲突。

意图还是影响？

置身冲突中时，能将意图和影响区分开是一项重要的能力，接下来将以克里斯为例进行分析。

克里斯在叙述中强调了善意、努力、专业准备和个人支持等多方面内容。他一再地提出各种证据，以此证明他和他的团队所做之事是正确的，是基于家长立场的，是体现诚实和透明等价值观的。他写道"我已经用尽全力了"，这就像某种声明。现在我们已经知道，事实并非如此。

和大多数处于冲突中的人一样，克里斯坚持为自己的意图做解释的行为是一种防御心理。他的叙述好像在说明他一直在无辜地向法官和陪审团抗议。再来看看以下陈述：

- 确保家长会有条不紊地进行。
- 制定了逐点议程。
- 把所有可以提供帮助的团队成员都邀请到了。
- 一对一地向他们做了简要的情况汇报，以便在会前达成基本共识。
- 将开诚布公，以确保透明，建立信任！
- 我们真的尽最大努力做好准备工作了。

历经多年探索，我们才明白，这种执着于自身意图的举动就是出问题的征兆。是的，哪怕我们去指导其他人，也难免会一意孤行，从而经常对这个征兆视而不见。所以，我们现在和你们一起学习如何把关注点从你的意图转移到你的行为影响上。

这是个两难问题。冲突开始时，你似乎只能控制自己的意图，无法控制行为的影响。但事实上，这是因为你只关注冲突本身。如果你同时考虑结果并关注行为影响，你就可以在相当大的程度上掌控自己在冲突中的回应，还会有时间进行清晰的规划，从而持续不断地调控自身行为的影响。

重视冲突结果的另一大益处在于：它像隧道尽头的光。也就是说，当你身陷冲突时，很有可能你已经把事情搞砸了；你的所作所为没有产生理想的效果，甚至还有可能带来负面影响。面对这样的局面，有必要牢记我们倡导的核心原则：冲突是自然的、正常的且深刻的人性。社会心理学家喜欢把人与人之间的冲突称为"关系破裂"，即原本和谐的关系突然被打破了。他们把"关系破裂"与"关系修复"相提并论，这充分表明，无论双方关系出现了什么问题，始终都有机会重新获得曾失去的信任或亲密。

我们相信，即使你正身处破裂的关系之中，若仍能记起关系修复是有可能的，那么你就能从消极反应更好地转向积极回应。人们往往给予冲突过多的关注，以至于无法看清未来，到那时，其实冲突早已不再重要。定义冲突时，"破裂"和"修复"这些概念的使用提醒我们，其实冲突作为生活的一部分，并不是所有可能性都消失的终结。

这就是冲突学习过程中所能获得的诸多美妙慰藉之一。无论大小，几乎每一次冲突都可能带来机会，重建信任、加强联系和协同前行；而每一次关系破裂的同时，也都蕴含着关系修复的机会。

当然，如果你始终固执己见，那你就永远无法超越破裂关系中的消极反应，并获得回应性的关系修复。克里斯的叙述到底有多顽固？下一章会进一步分析。

参与还是逃离？

我们总是用下列问题结束工作坊中的练习：

再次回顾冲突，请问当你处于紧张状态时，你有怎样的不适感？为此，你是完全陷入冲突还是急着摆脱冲突？

运用这个问题的主要原因有：冲突总在不断产生；你会情绪化；冲突不好应对。在冲突中，你始终想要坚持自我。当你相信自己结合实际需要，通过足够长的时间，能够解决冲突时，你就可以做好最真实的自己。

你已拿起本书就表明，你的性格倾向既有可能是冲突参与型，渴望着技能提升；也有可能是冲突回避型，看本书的目的是想知道如何处理你竭力规避的境况。不管哪一种，你的努力都有助于提升你应对冲突的技能，继而改善你的人际关系。

对克里斯来说，家长会冲突带给他不适感的同时，也让他有所领悟。尽管他通常喜欢把自己看作冲突的积极参与者，积极程度之高甚至到了要参与合写这本书的地步，但上述案例表明，有时候，他更多致力于自圆其说，自认为自己较好地参与了冲突，可实际上那时他正回避着冲突。毕竟，上述案例中，家长而不是员工才是克里斯真正要沟通的人。他在策划上花费的时间和精力更像是某种表演，而非真正面对冲突。

克里斯蒂娜和克里斯一样，她也想把自己归入冲突参与型。而且，经过多年实践，她确实能够很自在地置身于冲突之中。但是，上述案例中的克里斯蒂娜回避了冲突中的自身角色，她的做法好像在说：如果同事按照她的期待行事，就不会发生冲突。可当时的实情是：克里斯蒂娜做出的反应性行为未能解决问题，反而加剧了冲突。我们的实际做法与我们的冲突指导原则背道而驰。

从反应到回应

面对反应性行为带来的诸多挑战，当冲突出现时，我们到底该怎么办呢？

到目前为止，我们希望你能明白：在穿越冲突之旅中既不存在预先规划好的路线图，也不存在适用于所有情境的万能法和解决所有问题的全能方案。应对冲突中真正起作用的是一系列问题、观点和现有的技能，以及满足实际情境所需的工具。

其实，对待冲突就像对待幼儿一样，评估时必须非常谨慎，尤其要留意那些卷入的偏见和看法。而且，正如任何一种评估工具都无法捕捉到一个孩子的全部，面对冲突时，我们要心怀谦卑地将各种分析工具加以整合再切实运用。另外，幼儿评估历来都不局限于此时此刻，而是面向未来，从而对当下的发展轨迹做出适宜性评估。

换言之，面对冲突时，我们要了解自身，仔细观察，审慎决策，且决策应能支持幼儿进一步的成长和发展。正如我们的冲突故事所表明的，对自身反应加以反思是应对措施的一部分。我们不能停留在反应之中，否则在从反应到回应的转变历程中，此时此刻就可能成为最糟糕的位置。我们需要始终觉察自身反应，有所领悟，从而做出具有关怀性和责任感的回应。另外，要保持谦逊的态度，但在应对冲突时要经常提醒自己：尽力就好。毕竟，每个人都是不完美的，你也不例外。

那么，冲突中，如何从反应转化为回应呢？你需要注意以下几点。

询问"谁的看法？"，留意那些被忽略的人

前文已多次重复提到，当陷入冲突时，你很有可能会沉溺在自己的看法之中而无暇旁顾。为此，你不必自责。毕竟，人无完人。但请不要一直困在其中、无法自拔。

你一旦开始意识到这一点，就请清楚地问问自己："我忽略了谁的看法？"这时你会发现，很有可能你的同事就是被你疏漏的关键人物。另外，请你也要留意那些边缘人物，他们通常不太可能有机会大声发言。在幼儿教育这一职业领域，作为我们的服务对象，孩子和家长通常属于冲突中不太可能有机会发声的边缘人物，遇到工作冲突时，你应当把他们考虑在内，思考：对于冲突，他们会怎么看？

承认意图，关注影响

每个人都需要说出自己的故事，承认你的意图就是冲突的一部分。不过，物极必反。如果过于关注意图，就会妨碍你去感知行为的影响，特别是在防御心理的作用下，你的注意力将不断地转回到自身意图、个人原因和自我辩解等方面。

这时，你不妨聚焦于自己的好意，进而问自己："既然这些行为都是出于好意，那它实际产生了什么样的影响？"当你提出这个问题时，通常就表明你正学着不加防御地倾听。而当你深吸口气、安静下来去倾听对方时，你就会通过对方的言行举止明白自身言行所产生的影响。

在冲突中学习，不要急于摆脱

多年来，我们一直把"融入冲突就是为了摆脱冲突"作为工作坊的主题。原因很简单，我们都清楚地认识到，冲突中的每个人都急于摆脱冲突所带来的不适感。如今，这个主题依然很有用。

冲突带给我们诸多了解自己、了解他人以及了解人性的机会。只要你愿意为了冲突多花些时间，你就能通过冲突学会更深刻地理解自己，并对自己身上存在的共通性缺点更加宽容、更加谦逊，并有更多自嘲的幽默。

勇敢点，去道歉——但不要在道歉上花太多时间

我们常常在工作坊中脱口而出"不需要道歉"，但最近开始有所变化。因为我们认识到，冲突中的道歉通常是对因我们的伤害而伤心、沮丧的那些人的一种回避而非面对的方式。如今，我们对这种自我忏悔方式稍加宽容些了。不过，即使道歉，也请你快刀斩乱麻。毕竟，大多数时候，对方更需要你的实际行动，而不是道歉。事实上，冲突中最令人沮丧的事情莫过于眼睁睁地看着对方陷入自责，好像这样做就能解决所有问题。修复关系需要人际合作。若把时间花在道歉和自责上，合作将会被推到"以后"。而这个"以后"，有时永远也不会到来。

孩子们需要成年人做出应对冲突的行动示范。对他们而言，"对不起"这句话其实很费解。成年人在意他人是否表达了悔意，所以要求孩子们说"对不起"。可是，这种礼貌的表现往往使成年人逃避教孩子们承担应对冲突的责任，比如学习如何通过换位思考、阐释细节等方式应对冲突、形成解决方案。此外，道歉这种方式可能会让孩子们用"对不起"来快速掩盖冲突中的紧张关系，而未能培养他们真正与他人共情。

承认关系破裂，并致力于修复被破坏的信任

只是简单地说出"我们正在冲突中"，并且大声地说出来，就会产生巨大的能量。此刻，这一举动与你、你的身份以及你的正直相互分离，"我们"这一立场将消除对立面。"我们正在冲突中"这句话只是简单地指明"当前出问

题了,并且这个问题相当人性化"的事实。人人都会犯错,问题的出现也意味着彼此建立联系的机会。

所以,面对冲突,尽管去承认关系破裂了吧,去大声地承认存在现实问题,从而避免冲突中模棱两可的人际关系状态。承认之后,请深深地吸一口气,暂停一下,再承诺修复遭到破坏的信任。你只要这么做,就可以修复关系。

要表达,有耐心

请不要忘记前文曾提到的"翻正反射"。毕竟,我们这些从事助人职业的人,遇到问题时通常会过于依赖快速解决方案,到处分发"鱼",而非"授人以渔"。但是你应该清醒地认识到,要像平时对待孩子那样面对冲突中的成年人,保持耐心,等待他们发生改变、获得成长。

破裂的关系不可能一夜之间得到修复,"一切都好"的这类声明只会阻碍关系修复的进程。请你清楚地说出你需要时间来修复关系,并且明确地承诺,你会保持耐心。

克里斯和克里斯蒂娜的冲突回应

一般而言,上述建议很难直接加以运用。所以,在此,我们结合自己先前分享的冲突案例来具体呈现我们面对冲突时是如何回应的。

克里斯的冲突回应

克里斯和他的团队运用了"反思性提问"这一工具,复盘了那场灾难性的会议中与家长之间发生的事情。这么做的结果是,团队成员意识到了接下来需要开展很多修复工作。克里斯知道,修复工作必须从管理层开始,自己作为幼儿园园长,修复工作必须始于自己。因此,会议结束两天后,他就给那位家长发送了下面这封电子邮件(相关身份信息已删除)。

亲爱的家长：

　　上周家长会结束后，我们团队进行了复盘。结果发现，因为我们的工作疏忽，让您处于不公平的艰难境地。因此，我专门给您写这封信，向您道歉。

　　在复盘时，我发现我在做准备工作时，存在以下几个重大的失误。

　　首先，当我向团队收集信息时，本应把孩子的发展性议题和卫生议题分开来逐一进行，但实际上我没有这么做，这是不对的。

　　其次，我请家庭律师联系您，并由他和您讨论如何开展"艰难对话"，还附上了详细议程，从而使得实际效果与期待的完全相反。让律师联系您这种做法本身就具有某种严肃性，情感交流不足，导致我们无法就会议框架及相关资源展开共情性分享。还有，这次会议中，班级教师没能参加，你所关心的重要问题可能无法得到解答。

　　最后，我为会议所做的一切没有让您感受到被倾听、被理解和被尊重。

　　正是因为这些重大失误，尽管我们致力于向您公开一切、提高会议透明度且与您建立信任关系，但结果适得其反，也就不奇怪了。发生了这样的事情，我真的非常抱歉。

　　我希望我们能够一起向前看，重新建立良好的信任关系。如果您愿意的话，我建议近期再次会面。

　　您放心，我们会尽快联系您，与您共同商讨接下来可以做什么、应该做什么。我希望您能直言不讳。迄今为止，我们团队与您的家庭沟通工作做得很不好，衷心希望接下来的重启行动能更好地满足你们的需求。

　　我期待着，用几周修复我们之间的关系之后，我们就能找到合适的方法，一起坐下来，就您孩子在接下来的几个月、几年里的需求进行交流。

　　此致

克里斯

　　当我（克里斯）再次回顾冲突情境时，我情不自禁地发出感叹：通过运用上述四个问题进行反思并直接解决冲突，多么高效啊！由此，我的邮件内容完全基于家长的立场展开，并且丝毫没有为自己的行为作辩护。信中有不少直接引自家长的批评话语，再次表明了那些我需要加以承认和接受的事实。

换句话说，我发现，先前的我被自己的意图蒙蔽了双眼，从而无法察觉到自身行为造成的影响，而这正是整个问题的症结所在。所以，我在这封邮件中完全没有提及我的意图，而是聚焦于准备工作、会议议程以及会议本身所造成的影响。

最后，我认为也是最重要的一点是，我的这封邮件只关注已经发生的冲突，目的不是摆脱冲突同时提出另一个计划来。我没有附上我单方面提出的议程，也没有提出下一步的行动计划。相反，我明确地向家长表明，修复彼此之间业已破裂的关系，是一个需要时间、需要合作以及需要耐心的过程。

这一切看上去很合理，对吧？但我必须承认，我讨厌写这封邮件！我真的讨厌这一切！我痛恨自己把事情弄得一团糟，我痛恨自己盲目地将所有反应掩饰成出色且努力的工作状态，我痛恨糟糕透顶的整个烂摊子！但是，我也知道，如果我确实想要修复与家长之间的关系，我就必须正视自己所有的曲解、盲点以及自高自大。

这封邮件当然不是魔杖，不可能把现有的一团糟的关系瞬间变为值得称道的手足关系。可是，我在正视问题的过程中，不仅重启了家园关系建设，而且对自己有了更多的了解。可以说，我在冲突中所了解到的自己远远超出了历年来我所了解的自己。

这一切委实无趣，但我心存感激，并一再重温这些颇有价值的冲突中的领悟和觉察。

克里斯蒂娜的回应

虽然我（克里斯蒂娜）希望自己也能像克里斯一样，通过一封精心构思的信件与你分享我对发生在我和同事之间的作息时间表冲突到底是如何做出反应的，但我没有这么做。我认真思考了上述问题带来的提示，确实获益良多，我认为我的深刻反思和后续发生的一些对话值得与你分享。

当我再次回顾这段冲突故事时，我获得了三个很重要的启发，下面按照重要程度的顺序逐一说明。

首先，哦！我从来没有意识到，我竟是如此的消极且好斗！一想到这一点，我内心就有一种刺痛感。我因一件完全不难解决的小事，为一个几乎陌生的人带来了如此大的伤害！尽管很尴尬，但我得承认，我确实渴望同事把我看作博学能干的人，正是这种渴望压制了我与同事进行建设性讨论的能力。

其次，我没有考虑过同事的看法，没能有效地参与冲突，而是试图用愤怒和羞愧来掩饰它。大家都知道，这样做只会让问题一再重演，要么在本次冲突中出现，要么就会引发另一场冲突。

最后，我发现这次冲突是我职业生涯中的一个转折点。几个月后，我有机会在另一个部门获得晋升，而这位女士恰好可能成为该部门的领导并成为我的上司！当然，前提条件是我们之间必须消除分歧。结果，我们做到了。当我静下心来换位思考时，我才发现她其实非常重视其他人的意见。一开始，我对作息时间表的最初反应令她完全不知所措，之后她也发现我确实擅长安排作息时间表，并且这成为我在新岗位上的工作任务。在接下来的 15 年里，我们通过自我反思、坦诚相待以及认真面对冲突等方式，彼此之间的合作既紧密又顺畅。

轮到你了

正如你已经看到的那样，无论是面对我们自己引发的冲突还是身处因我们而加剧的冲突，我们通过与对方交流共享，一步一步地展开了具体行动。现在，我们也甘冒风险与你们分享，并在暴露自身弱点和错误时都有某种脆弱感。不过，正是在面对这种脆弱感及其带来的风险时，我们得以更好地理解冲突，无论是在个人意义上还是在对话意义上来说，都是如此。我们相信，这是值得做的事情。

现在，让我们把注意力转移到你的冲突故事上，请你再次阅读你所写的内容并运用下列问题进行反思：

1. 你的话更能反映谁的看法？你自己的？还是对方的？
2. 在你的冲突故事中，你把时间更多用于关注冲突中的情绪体验还是冲突的结束方式或结果上？
3. 你把时间更多用于关注意图还是影响？

4. 回想一下冲突，其紧张局面带给你的不适感如何？你完全沉浸其中，还是急于摆脱？

现在，请你像我们那样反思你从冲突中学到的东西。

下列回应方式中，接下来你希望学习哪一个？

- 询问"谁的看法？"，留意哪些被忽略的人。
- 承认意图，关注影响。
- 在冲突中学习，不要急于摆脱。
- 勇敢点，去道歉——但不要在道歉上花太多时间。
- 承认关系破裂，并致力于修复被破坏的信任。
- 要表达，有耐心。

如果你觉得有难度，这很正常，不是只有你才会产生这种感觉。有些研究者将此视作所有冲突中的固有黏性。因此，在下一章，我们将探讨如何摆脱这一困扰。

第三章
冲突有黏性

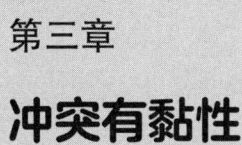

冲突是有黏性的。"黏性"作为传播学、心理学和市场营销等领域的术语,用以描述某些特定信息或意图"黏住"我们的方式。它就像引发社群共鸣的标签,或让人们凝聚在一起的纽带,可以对复杂的概念进行简单、

> "黏性"作为传播学、心理学和市场营销等领域的术语,用以描述某些特定信息或意图"黏住"我们的方式。

有效的解释,从而使人们更好地理解自身、理解自己所处的世界。事实上,无论你是否愿意,那些你无法从脑海中抹去的表情包、电影场景或流行歌曲,都是有黏性的。

冲突中的黏性就是如此。当我们在工作中遇到冲突时,尽管我们会暗自一再保证下班后不会将它带回家,以免影响家里人以及其他我们所爱之人,但这种保证通常无效。我们总会在晚餐时把太多时间用于生气地讨论那些发生在办公室走廊里的令人沮丧的事情;或是在凌晨2点醒来,一再回顾12小时前的往来邮件。即使我们也曾自我告诫要放下过去、向前看,但我们的大脑经常自作主张。

因此,为了找到冲突的解决办法,我们既需要对冲突黏性有更多的了解,也需要面对冲突、吸取教训。

从冲突黏性中学习

阅读本章,希望你能以珍视的态度看待"黏性"。是的,你猜对了,我们

的意思就是要把冲突黏性当成学习的机会。既然你翻开本书并已读至此，你的举动就足以证明，你有决心改变当下面临的艰难挑战。因此，我们再次请你像之前一样，高度关注冲突中妨碍你的那些因素。为了解决冲突，你需要学习的东西有很多。

请你做做下面这个思想实验。

请回顾你身为幼儿教师的日常工作，尝试找出这样一个孩子：你难以支持他的情感和社会性发展，你所有的教学策略都对他无效，并且你因他而质疑自己作为幼儿教师的效能感。每天工作结束时，无论你以多快的速度跑向自己的车子，你似乎都无法摆脱他。他的存在会随时提醒你出问题了，悄无声息又令你万分苦恼。

如果你想到了这样一个孩子，那么他对你来说就是"有黏性的"孩子。你能列举出有关这个孩子的很多具体细节，比如特别糟糕的过渡环节、关于他的总结性评价、疲惫不堪的下午却因家长迟到而一直拖到晚上才下班……然而，无论你在纸上写下多少，你脑海中翻滚的东西总比笔下多得多。不管怎样，这个特别的孩子就是有黏性的、难缠的，你无法轻易地摆脱他。

克里斯蒂娜曾遇到一个这样有黏性的孩子。

在我的职业生涯中，这个孩子一开始并不难缠。他最初的行为既可爱又顽皮，在日常的相处中，他周围的每个人很快就与他建立了密切关系。刚入园时，他的生活背景和人际关系都很复杂，而且充满了戏剧性变化。不过，现在他正在稳定的家庭和学校环境中茁壮成长。

当时我们都放松了警惕，当他的行为在几个月后开始发生改变时，我们每个人都措手不及。他会突然爆发出难以预测且无法控制的情绪。在情绪爆发期间，他会出现不良行为，且不良行为不断升级，这对他自己以及其他人的安全造成了威胁。

面对孩子们这类充满挑战的行为，我们团队历来训练有素。可是，即使我们全力以赴，尝试了所有策略，却徒劳无功。与此同时，我们还眼睁睁地看着与这个孩子有关系的其他人也出现了问题。随着他所面临的挑战不断增加，他家人所面临的挑战也随之增加；随着他不良行为的升级，班上其他孩子也不断被卷入其中，连带着他们的家长也被卷进来。每个人都陷入了困境。

我很想用一个神奇的解决方案来结束这个故事，但是这个故事实际上并没有神奇的结局。在长达数周的时间里，我们团队都陷于沮丧之中，我们反复回顾长长的失败清单，试图从中找到问题所在，寻找解决办法。但是，就在这时，我们得到消息——他父母要搬离本地，而这个孩子正被转学到另外一家幼儿园。就这样，我们失去了进一步了解他的机会，也没能弄清楚该如何帮助他。

几十年来，这个孩子以及他所带来的未能得到解决的挑战一直困扰着我。每当我试图探究幼儿教育是否就是我适合的职业领域时，他和他的故事就会从我的心底冒出来，它挑战着我作为一名真正的优秀教育工作者的自信，让我无视自己曾经支持过成千上万个孩子的学习和成长这一事实。

每当我遇到像他这样的孩子时，我就会想起这个特别的男孩。确切地说，他于我而言并不完全意味着失败。相反，他的存在既提醒着我们团队曾对他及其家庭所付出的不懈努力，以及从未轻易放弃的事实，也让我们懂得，并不是所有问题都能够得到解决，有些问题确实是无法解决的，并非因为我们能力不足，而是它们确实过于复杂。

多亏了他，我才真正理解了难缠的孩子身上所蕴含的价值。毋庸置疑，这样的孩子的确会让人沮丧。但是，在我作为幼儿教师的职业道路上，他也像个宝藏，充满力量。

对教育工作者而言，这些令人难忘的孩子在我们的职业生活中扮演了极其重要的角色。通过他们，我们更好地了解了自己职业生活中的价值观、自我价值感、个人文化以及优先事项等。不过，只有当我们愿意自我了解，并对这些情形进行反思时，这些经验教训才会真正有所教益。

困境中的正念

要想把握好你与冲突的关系，你需要先做好准备改变态度。如果你闭上眼睛，捏着鼻子，幻想一切问题通通消失不见，那么你根本不可能解决冲突，特别是冲突中最草率和最糟糕的那些方面。当然，要想直面冲突中最糟糕的部分，你首先需要直面自己。

为了做到这一点，建议你养成正念的习惯。美国马萨诸塞大学医学院正念减压中心的创始人乔恩·卡巴特-津恩（Jon Kabat-Zinn）把正念定义为："以一种特定的方式集中注意力，有目的地关注当下且不加评判。"（Kabat-Zinn，1994）

> 对幼儿教育工作者而言，我们每天都要和孩子、家长以及同事在一起，应对很多具有挑战且令人不安的情况，这就需要做到在当下有目的地密切关注且不加评判。

对幼儿教育工作者而言，我们每天都要和孩子、家长以及同事在一起，应对很多具有挑战且令人不安的情况，这就需要做到在当下有目的地密切关注且不加评判。做到这一点相当重要。比如，幼儿评估工作需要我们仔细观察幼儿当下的具体表现，避免妄下结论，但家长的到来会打断我们的观察，即使他们的到访只是为了某个决策来征求我们的意见而且我们也未必会同意，但我们的观察评估仍受到了打搅；又比如，同事经常会有些意料之外的事情需要我们花费额外的时间和精力去应对。因此，面对工作中各种各样的事情，正念有助于我们明智、有效且富有同情心地做出回应。

如今，教育工作者已较为普遍地开展正念练习，而且运用的形式多种多样。日常生活中，我们在坚持正念练习，认为正念相当有价值，也鼓励你这么做。

经验表明，如果你以特定的方式练习集中注意力，那么当你置身冲突时并不能自然而然地进入正念状态。冲突中的人通常有急躁倾向，如果一心"专注"于冲突的结束，反倒会让我们的大脑做出导致冲突加剧的选择，而不是帮忙解决冲突。

通过正念练习，我们学到的重要一点是调整态度。也就是说，置身冲突时的正念意味着你要调整态度，将情绪情感和能量状态从消极反应转向积极回应。正念练习中包含四种基本态度，以下是具体内容。你可以在本书中找到对应的概览，它可供你快速浏览或张贴起来，在你面临冲突时及时提醒自己。

态度一：不加评判的反思

要在冲突中找到出路，反思练习必不可少。你要有能力对复杂情境、自身角色和身体感受（包括冲突时和回顾时的）进行反思。到目前为止，本书已提供了很多练习，其目的都在于帮助你进行有目的的反思，特别是本书第一章，旨在专门指导你如何针对冲突中充满挑战的重要情绪进行反思。此外，其他问题帮助你反思冲突的具体组成部分以及你身处其中时所具有的特点。

> 要在冲突中找到出路，反思练习必不可少。你要有能力对复杂情境、自身角色和身体感受（包括冲突时和回顾时的）进行反思。

之所以将不加评判的反思态度列在首位，是为了强调养成对冲突中的他人不加评判地进行反思的态度和能力的重要性。你需要换位思考，接受下面这些事实：为了解决你们共同制造的冲突，你要有能力把对方看作和你一样有缺点的人，一个与你的共性远多于差异的人。如果这个事实让你感到失望，很抱歉，我们爱莫能助。

这是一个事实，一个与每场冲突都有关的事实。当然，冲突是对方带来的，但你也有份；别人能更好地应对冲突，你当然也可以；人人都有缺点，人人都存在问题。所以，反思中的真正挑战在于找到审视冲突情境和相关人员的有效方法，而不是急于做出符合大脑预设的判断（关于大脑的这种预设，本章后面将有更多内容加以阐释）。

不加评判的反思态度和其他态度一样，说起来容易做起来难。据我们了解，许多幼儿教育工作者能够以一种看似慷慨的态度对待冲突以及冲突中的他人，他们会让冲突"随他去"，把冲突当成没什么大不了的事情，认为对方也没什么恶意，所以他们认为最好的做法就是忘了冲突，将其丢到一边去。

这听上去似乎是一种让人愉快的做法，可我们担心这些小小的冲突会因为被忽视而不断升级；我们也怀疑，他们貌似轻松的背后也许存在着复杂得多的事情。实践表明，那些乐于说"随它去"的人中，很多人实际上不愿意面对冲突中所暴露出的问题，特别是那些牵扯自己的问题。

对这些人来说，不加评判的反思态度最具有挑战性的一部分不是避免批评他人，而是避免批评和评判自己！我们不止一次地遇到这样一些教育工作者，他们总是急于指出自己的缺点，随时在准备着道歉或做出解释，就像一个刻薄的批评家坐在他们的肩膀上，整天都在无情地低声评判着他们的一切，导致他们所遇到的每场冲突都成为这些糟糕透顶的评判证据。

正因为这样，我们认为面对冲突，不加评判的反思态度必不可少。毕竟，当你审视那些导致你陷入冲突的事情时，接下来将要发生的情况不太可能总是令人轻松愉快。在这样的情况下，如果反思只是在冲突之上再码上一层苛刻的自我评判，那么你的行为并不是应对冲突，而是南辕北辙，你所做的一切不过是把你肩膀上的评论家喂得更饱了！

不过，别担心，接下来的第二种态度有助于你对付那些妨碍你且具有破坏性的自我评判。

态度二：谦逊的好奇

既然你打开本书且已读至此，那你肯定和我们一样，对冲突怀有某种好奇。我们作为本书作者当然偏爱冲突这一主题，但是我们是真的觉得冲突引人入胜、魅力无穷。

在深入研究冲突的艰难历程中，我们明确意识到，面对冲突时保持谦逊好奇的态度相当重要。好奇心会一而再，再而三地把我们带入一条条全新的小径，也会一再地让我们推翻既有假设或质疑最初结论，从而看到新的可能性。在此，我们要特别感谢彼此之间存在的信赖关系，一旦好奇心过甚而谦逊不足，我们就会可靠地相互提醒和扶持。

冲突中的有些情形特别令人好奇，正如我们在第二章案例中所分享的那样，每当遇到那些情况，我们就不再有一丝一毫的谦逊。幸运的是，每当我们开始逐渐变得傲慢而固执己见时，我们就会相互靠拢，尝试着以谦逊撬开傲慢。这是一种只能来自实践经验的谦逊。事实上，我们对冲突了解得越多，就越明白我们对冲突所知甚少。

社会科学研究领域中采用"知性谦逊"来称呼上述这种好奇的态度，研究者针对当前学术界存在的问题开展相关课题研究，旨在激励同行们学会承认自身的错误。

无论从哪方面看,这都将是场艰苦的战斗。科学记者布赖恩·雷斯尼克(Brian Resnick)撰文列举了通往"知性谦逊"之路的三大挑战。

首先,为了保持知性谦逊,所有人(包括我们当中那些最聪明的人)都需要对自己的认知盲点展开进一步的认识,我们的思维状况与我们愿意承认的相比,通常更不完美,也更不精确;而我们可能看不见自己的无知。

其次,即使我们克服了巨大的挑战,找出了自己所犯的错误,我们还需要更加勇敢地说出"我错了"这句话。记住,我们不一定会因此受到惩罚。目前,我们需要一种新的文化,一种激赏这种谦逊态度的新文化。

最后,我们永远都不可能拥有完美的知性谦逊态度。因此,选择信念时,我们需要深思熟虑。(Resnick,2019)

雷斯尼克所列举的上述挑战是非常实用的。一旦你能意识到自己的认知盲点,你就能够更加有效地应对冲突。悖论在于,认知盲点中的最大盲点就是你确信自己没有盲点!因此,你需要暂停一下,深吸一口气,勇敢地承认错误,这样你将更有可能有效地应对冲突。

> 你需要暂停一下,深吸一口气,勇敢地承认错误,这样你将更有可能有效地应对冲突。

雷斯尼克提出的最后一个挑战,其意正在于此。他进一步敦促我们"选择信念时,我们需要深思熟虑",确认它们是自己的信念,进一步认识到自己的信念未必和知性谦逊态度相互助益。因此,当你深陷冲突困境时,很重要的一点是,你要知道,即使对于你最有把握的事情,你的看法也有可能是错的。更重要的是,你要清楚,如果你坚信自己永远是正确的,这对任何人(包括你自己)而言都不可能有任何好处。

上面这些话听起来让你有些不舒服,对吧?不必害怕!保持知性谦逊的态度并不一定就是耻辱。接下来,你将会看到,第三种正念态度反映出了它喜乐的另一面。

态度三:自嘲式的幽默

当我们开始把活动重点从合作执行和以工作坊为本转向合作撰写、文本中心之后，我们向参加工作坊的同事提出了如下问题："假如观察时不用心，人们会错过现场活动的哪些重点？"对此，大多数人都谈到了人际互动中的关系模仿，描述了冲突中需要注意的各种人际互动走向以及关系变化方式；还有些人列出了他们认为对本书有益的一些重要练习（我们已经把这些具体的练习写进本书）。

这些是我们意料之中的回答。但是，有一个建议在我们的意料之外："确保你仍然有趣。"

这个建议曾令我们感到困惑。我们曾猜想这能否算作某种褒奖？随后，我们花了不少时间才弄清楚它的真正含义。毕竟，我们在工作坊中不是做单口相声表演，通常也没有什么笑话可说。那么，有趣到底在哪里呢？

随后很长的时间里，我们一边写书，一边举办工作坊。在学员们的陈述中，我们开始捕捉到很多笑话，都是些实实在在的笑话。我们之所以一开始没能注意到这些笑话，是因为它们都是针对我们的笑话！

由此我们有所领悟，赖以维系工作坊的正是我们带有幽默感的自我解嘲。工作坊中，我们经常拿自己的失误、盲点、反应以及自己来开各种玩笑。随着研究的逐步深入，我们发现，这种幽默的自嘲不仅是我们所擅长的有趣、搞笑的那部分工作，而且是探究冲突必要的组成部分，特别是面对最棘手的状况时更是如此。

对所有人来说，要从冲突中进行学习都是一项艰巨的工作。然而，恰恰是那些最棘手的冲突教会我们更多，因为它们触及了那些最复杂的情感和意义。说实话，要以自嘲的幽默态度对冲突进行反思，结果极有可能是让人感到沮丧甚至害怕。

不过，自我解嘲的幽默态度也有助于消除上述担心。每当直面冲突时，我们可能不再那么确信自己是个专业人士。比如，我们就是这样，在遇到最糟糕的情况时笨手笨脚，根本没那么有趣。一旦我们能够给自己多留点余地，并且意识到自己生而为人，磕磕绊绊在所难免，我们就可以与冲突中的棘手情形保持适当的距离，有意识地留出一点令人乐观的合理距离。

以正念的方式面对糟糕的冲突时，我们能够接纳自己，承认此刻我们是真实的，当下状况是一系列原因、条件、决定和选择共同作用的结果；我们可以确定,永远无法避开某些冲突因素。也就是说,不管我们多么努力,都有可能再次陷入相同的冲突境地。

人生旅途漫漫,总会遇到某些似曾相识的风景,从而体现出冲突固有的某种荒诞。既然如此,何不用更多的乐观精神,更加重视冲突中的幽默性,从而彰显人性的坚韧?

态度四:接受不完美

第四种态度是我们历经艰难所得的一个教训,希望你不要重蹈覆辙。

我们共同开展关于冲突的研究,至今已有二十多年的时间。最近,我们花在冲突研究上的时间远远多于其他事情,而且我们学以致用,多次与同事、员工及督导员进行会谈,举办工作坊,成千上万来自全国各地的人们参与其中,也愿意进一步努力,与我们遇到的各种冲突打交道。

我们当然知道,这些年来我们确实在不断进步。尽管有时感觉自己进步很慢,甚至有时感觉在原地踏步,然而,在大多数时间里,即使我们觉得自己是在原地打转,但我们也愿意把这当成进步。我们希望像俯视一颗旋转的螺丝钉那样,虽然进展缓慢但始终向下钻取,确定无疑。

一开始,我们本以为自己最后会成为处理冲突的专家,毋庸置疑能达到专家水平。遇到冲突时,我们经常会想,这一次我们该能做到完美了吧?

结果完全不是这样!

当然,我们历经多年探索,越来越了解自己,掌握了更多的冲突解决策略,能够更好地应对冲突。现在,我们已经有了一个不错的冲突应对工具箱,一个正和你分享的工具箱。我们在很多时候都很乐观,相信自己能够帮助人们更好地应对冲突、摆脱困境。

但是,实践永远不完美,这是我们多年来学到的最重要的一课。同时,实践始终会给我们机会。因此,面对冲突,如何更好地面对冲突固有的不完美,是我们努力的目标。

幸运的是,冲突之中,我们大家在一起,我们自己和其他人都是不完美的人,共同面对没有完美结局的冲突。我们可以不时地得到一些新见解,形成一些实用策略,正是这些收获让我们更接纳人性的不完美。我们始终相信,永远没有完美的实践。

那么,问题来了,既然没有人能够完美地应对冲突,我们该做些什么?

> 在不完美中保持反思、好奇和善意的参与,是应对冲突的无尽宝藏。

保持"实践出真知"的态度。面对每一次冲突,要善用上述反思态度,保持不加评判的反思、谦逊好奇和自嘲式的幽默,并决意从实践中学习。我们认为,在可能的情况下,要接受不完美,把完美看作可望而不可即且毫无用处的幻想。在不完美中保持反思、好奇和善意的参与,是应对冲突的无尽宝藏。

快速概览:正念的四种基本态度

冲突中的正念需要调整态度,将情绪、意图和能量从消极反应状态转变为积极回应状态。

态度一:不加评判的反思

要在冲突中找到自己的出路,反思练习必不可少。你要有能力对复杂情境、自身角色和身体感受(包括冲突时和回顾时的)进行反思。之所以把不加评判的反思态度放在首位,目的是强调培养对冲突中的相关他人进行不加评判的反思态度和反思能力的重要性。

对大多数人来说,最具挑战性的非评判性反思通常不是避免批评他人,而是要避免批评和评判自己。我们经常遇到有些教育工作者,他们总是急于指出自己的缺点,总是准备为自己所犯的错误进行道歉、做出解释。因此,对所有卷入冲突中的人而言,不加评判的反思态度相当重要。

态度二:谦逊的好奇

当好奇心一再引导我们踏上前途未知的陌生小径时,你那些曾深信不疑的假设和不容置疑的初步结论将会受到质疑、遭到否决。每当我们傲慢、固执己见时,谦逊就是应对它们的法宝,这是从经验中获得的实践智慧。你对冲突了解得越多,就越能意识到自己的无知。

一旦你能看到自己的认知盲点,你就能更有效地找到应对冲突的办法。你需要暂停一下,深吸一口气,勇敢地承认自己的错误,从而更有效地应对冲突。

态度三:自嘲式的幽默

直面冲突有可能让我们不再确信自己是一个专业人士,比如,我们在面临最糟糕的情形时笨手笨脚,而且实际上根本不好玩。不过,一旦多留点余地,并且认识到我们生而为人,磕磕绊绊在所难免,我们就能与棘手的冲突保持距离,有意识地留出一点令人乐观的合理距离。

以正念方式应对冲突时,我们能接纳当下的自己,相信所处的境遇是由一系列原因、条件、决定和选择共同作用的结果;我们能明白,某些冲突因素永远无法避开,所以不管我们付出多大努力,都有可能再次陷入同样的冲突境地。既然一切本如此荒谬,何不自嘲一下呢?

态度四:接受不完美

实践永远不完美,同时,实践会一再给予我们机会,让我们可以从中学习,将更好地面对冲突中固有的不完美作为目标。幸运的是,我们一起都置身于不可能有完美结局的冲突之中。我们都不完美,但能从冲突中不时地获得新见解和实用策略,从而更能看清人性的不完美。

这就是我们采纳"实践出真知"这一态度的原因。面对每一次冲突,我们都要善用不加评判的反思、谦逊的好奇和自嘲式的幽默态度,下定决心从实践中获得学习。

神经学和心理学中的黏性

请你做一个简短的冥想实验。

请找一个相对安静、温馨的地方，确保你可以独处、什么也不做。把计时器设置为 10 分钟。你可以选择闭上眼睛，或睁开双眼、视线集中在视野范围内的某个物体上，同时尽力去觉察你脑海中闪现的所有想法。

现在，请开始默数，每呼吸一次就数一个数。如果可能的话，从 1 数到 10，然后再从 10 数到 1。请在这 10 分钟内一直这样做。

当计时器响起时，请思考以下问题。

*你是否注意到大脑很难持续专注于当前的任务？*是的，对大多数人来说，这是个不可能完成的任务，他们无法将如此"简单"的计数练习保持 10 分钟。事实上，许多人甚至连数到 10 都做不到。伴随着挫败感的增加，他们会一次又一次地徒劳尝试。

*你是否注意到是什么扰乱了你计数？*大多数人几乎无法回想起全部干扰：购物清单、需要给父母打的电话、可怕的工作任务、编辑提出的尖锐问题、社交媒体上那条愚蠢的帖子、与老板在一起时的尴尬时刻……你压根儿不知道这些侵入性的想法是如何开始或结束的，而且你并没有主动要求它们出现。但突然间，这些想法或感受就冒了出来，然后，它们又突然消失了。

*你是否会对其中的有些干扰因素感到困扰？*那个可怕的工作任务是否令你感到持续一两分钟的焦虑？与老板在一起的尴尬时刻是否让你感到紧张？

这是一个很好的实验，它能让我们认识到一个简单但多数人不太喜欢的事实。它表明，我们的大脑会做一些我们不想做或没有要求它做的事情，例如看似随机出现的活动、喋喋不休的想法。确实，大脑就像一个分泌想法的腺体，而且这些想法的出现和消失毫无预兆。

其中，有些想法与焦虑、失望和挫败感等情绪密切相连，正是情绪令这些想法在大脑中久久萦绕、挥之不去。了解这些想法背后特定的神经基础，将有助于我们更好地找到应对冲突的办法。

目前，有不少模型可以帮助我们理解神经科学关于大脑、情感和推理等方面的相关研究。例如，贝姬·贝莉（Becky Bailey）博士提出的由三部分构成的大脑状态模型（Bailey，2015），较好地解释了大脑令人备受困扰的原因，我们认为它非常有用。

在了解贝莉博士的模型之前，请你花点时间描述你曾有过的以下三种冲突类型的经历，并写下来。

- 冲突类型一：你感到害怕和恐慌，真切地感到某种灾难即将降临在你身上，即使你并不确定那会是什么。
- 冲突类型二：假如你处理不当，你就会害怕因此失去来自伴侣或同事的爱或欣赏。
- 冲突类型三：你始终有着平静且理智的自信，觉得自己能够相对轻松地找到问题所在，不会面临丧失安全感或者爱的威胁。

以上三种你都写下来了吗？

接下来，让我们一起先看看第一类冲突。

生存状态：我安全吗？

请再次回顾那次令你感到恐慌和害怕的冲突经历，你是否还能记起当时的身体感受？你在回顾时很有可能仍会不由自主地屏住呼吸、握紧拳头、咬紧牙关；坐着时，膝盖也仍然会不停地抖动。

在你力图搞清楚到底发生了什么时，你是否还能想起你所遇到的困难？你能否留意到你的感知能力是集中在某件特定的事情上，还是几乎完全失灵了？你解决问题的能力是否消失殆尽？

日常生活中，有些冲突往往会将我们置于这种境地。这时，被冲突唤起的情绪会令我们丧失安全感，肾上腺素和皮质醇等压力激素会充满全身。我们由此进入战斗、逃跑或僵持的模式，表现出"杏仁核劫持"状态（Goleman，2005，pp. 60—61）。

贝莉博士等人把这种状态命名为"生存状态"，非常合理。我们的大脑和所有哺乳动物以及其他许多动物的大脑一样，存在一个内置开关，它可以激活防御机制，从而在我们察觉到威胁时保护我们。在此，特别要感谢我们的个人经历，有很多可能触发这个开关的事情正藏在个人的经历里。记住，并不只有狮子、老虎或熊才能触发我们大脑的内置开关！

通常情况下，我们很容易识别冲突中的身体反应。不过，大脑的"杏仁核劫持"状态使得我们很难察觉自身的认知反应。事实证明，杏仁核不仅影响拳头、下巴和腿部等身体反应，而且会把大脑开关扭转好几次，切断前额皮质（人类学习和运用理性的地方）的输入通道，从而无法提取记忆中储存的有用信息。

> 当我们陷入冲突，体内压力激素激增、认知功能受损时，我们只会一门心思地寻找最安全的地方。

结果，当我们陷入冲突，体内压力激素激增、认知功能受损时，我们只会一门心思地寻找最安全的地方。冲突中，"我是对的，你是错的"这种说法之所以根深蒂固，就是因为恐慌中的大脑无法进行逻辑思考，难以获得灵感，不能采集观点，从而导致我们退缩到最具防御性的立场。当大脑处于"杏仁核劫持"状态时，"我需要安全，而你就是威胁"很好地诠释大脑所处的非此即彼的境地。

贝莉指出，处于这种状态的大脑只关心一个问题："我安全吗？"这其实是最棘手的问题。当你的身体充满压力、大脑失去推理能力时，你根本无法摆脱这个问题，本书所提到的任何一个策略在这时都会失去效力，因为你的大脑里只回旋着一个想法："你是我的威胁，我为什么要和你建立联系呢？"

为了能够尊重和理解处于这种状态下的自己，你需要大量练习，无论是在出现这种状态之前或是之后，而且需要与其他两种状态下的练习相结合才行。

情绪状态：我是否被爱？

请再次回顾你在阅读本书第二章时所写下的个人冲突故事。

在第二章中，我们曾指出，在工作坊中，大多数参与者无论是在冲突期间还是冲突结束后的很长一段时间里，他们关注的焦点都是情绪感受，而非冲突结果。之所以会这样，是因为冲突中的人们正处于艰难时刻，面临很多悬而未决的事情。这时，我们即使不必担心安全威胁，但也难以忘怀此时的情绪感受，因为它与我们的身份、价值和尊严密切关联；即使不必担心身体安全，但也会认为情感安全岌岌可危。特别是当工作中的专业地位和社交关系遭遇挑战时，我们会产生明显的不确定感，会十分苦恼地发问："我适合这里吗？""我在这里能保持自我吗？"正如贝莉博士指出的那样，我们会问："我是否被爱？"

之前你曾写下了三种类型的冲突场景，其中一个是关于你没有处理好冲突，你是否会担心自己失去来自伴侣或同事的爱或赞赏。通常情况下，这类冲突风险会让你陷入情绪困境，并使你面临应对冲突的巨大障碍。这种情形并不是个意外，它只是人类大脑和身体在神经化学方面的一个表征。

> 通常情况下，这类冲突风险会让你陷入情绪困境，并使你面临应对冲突的巨大障碍。

冲突中，即使我们的身体处于安全状态，但仍然会保持高度警惕，除非我们获得了情绪性安全。这时，我们体内仍然活跃着皮质醇这类压力激素，它们阻止我们开展富有成效的认知思维过程，会把事情弄得一团糟，令情绪失去平衡，导致我们再也无法充分有效地开展理性对话和讨论。

冲突会让事情变得更加棘手。贝姬·贝莉指出，唯有与他人建立联系，方可安抚强烈的情绪。与他人建立联系能够解决是否被爱的问题。这种爱不一定非得是在亲密关系中所体验到的那种爱，而是一种更普通的，让你实实在在地体验到被人看见、受到重视的感觉。然而，一旦冲突让你内心感到脆弱，你便不太可能向对方求助。这就是冲突的悖论：那些最能让你从关系中获益的人同时也可能是最让你感觉疏远、最有威胁感的人。

不管怎样，假如你能够鼓足勇气，寻求与对方的关系联结，双方都将获益。识别强烈情感能够帮助你冷静下来，身体和情绪都平静下来，大脑恢复平衡状态，前额叶被激活，进入学习状态。前额叶正是最佳想法赖以产生的地方，至于如何才能做到，下一章将详细讨论。

执行状态：我能学到什么？

本书的目的是帮助你学会更经常地处于执行状态。当处于这种状态时，即使你正在冲突之中，也会感到安全、有保障，并且乐于学习。虽然任何人都无法阻止冲突中出现各种感受，大脑也会自行其是，但是通过学习，你能更好地了解那些阻碍因素，从而更好地进入执行状态。

当大脑处于生存状态或情绪状态时，我们的认同感和情感印记将暴露无遗，大脑被皮质醇淹没，这时你不可能记住任何新信息，哪怕这些新信息非常强大。不过，随着你的身体和情感方面确实获得安全感，这一切将发生变化。一旦大脑平衡好压力激素，建立（或重新建立）联结，我们就可以在冲突中开始理性思考、具体阐述事实、广泛讨论解决方案，并能做好彼此的相互回应。无论是儿童还是成年人，只有当大脑处于执行状态时，他们的学习行为才会出现，大脑功能才得以正常发挥和发展。

现在请回顾你所写下的第三类冲突情形。其实，你之所以恰好选择了这个例子，是因为想起它时你感觉最轻松，不会有身心健康方面的威胁。即使冲突并不那么简单，但你仍可能回忆起你应对冲突的种种做法，比如相互之间分享不同的想法、讨论具体细节以及思考替代方案等，你们以真实的互动方式彼此回应。这些做法正是冲突双方的大脑都处于执行状态的明证。

为了能够让大脑进入执行状态，冲突双方都要先有安全感且已建立联结，这是关键，也是事实。除非双方都处于安心的、彼此相容的共同探究状态，否则就不可能共同解决问题。换句话说，如果冲突双方能够共同协调，让对方感到安全，那么冲突就能够更好地得以解决。

加入观察自我

面对大脑的不同状态，我们该怎么办呢？贝莉博士曾通过一个演示活动，对冲突中大脑的不同状态进行了形象直观的呈现，其中涉及对"观察自我"的激活。整个演示活动如下。

三个人站成一排，面朝同一个方向。

每个人举起一个牌子，分别代表大脑的执行状态、情绪状态和生存状态。

每个牌子都朝前，指向冲突世界。

接下来，贝莉要求站在前面、代表执行状态的人转过身来，面对其他两个人向后退一两步，站定。这就是执行状态中观察自我的位序，大脑以此审视情绪状态和生存状态，并不断询问："我能从中学到什么？"

这个演示简单有力，我们在教师工作坊中经常运用它，你不妨也试试，多多练习。为了能在艰难时刻激活学习脑，要对令其失灵的大脑运行机制有所了解，进而当身处冲突时才能进行有力的自我质询。练习中，你不妨这样问问自己："我的'观察自我'看到了什么？我可以从那些令我陷入困境的事件中学到什么？"

尽管我们并不清楚你的实际情况，但我们相信，多了解一些有关冲突困境中的大脑"黏性"的神经学原理，将有助于你获得更多的心理慰藉。毕竟，我们是在描述人类大脑和身体的自然反应，这些状态有着特定的功能，它们历经数千年的发展，以确保物种的存续，在进化方面富有意义。

作为人类生存的基本境遇之一，困境其实是动物，特别是哺乳动物的神经生理构造所带来的自然结果，并非某种智力问题或性格缺陷。逃避困难正是人类本性，所以请你放松一些吧。

冲突黏性的心理学解读

现在，请打开你的社交媒体账户。你可能已经清楚地知道，社交媒体就像一台经过精心调试的赚钱机器，它基于算法产生的信息流会引导你花费更多时间和流量，东买买，西买买。最重要的是，它让你不停地点击、刷屏，欲罢不能。

这些点击行为背后的设计原理正是心理黏性。这样一来，我们正好可以通过你熟知的社交媒体来理解心理黏性的基本原理。社交媒体的算法促使我们将冲突作为一种持续存在的文化和政治氛围，从中可以明显地发现心理黏性的基本原理。

以社交媒体的政治新闻推送为例，不同社交媒体的算法希望能"提供"我们所喜欢的内容，其中包括与我们的政治观点一致的内容。这样一来，我们总会看到关于自己钦佩的政治家和赞同的政策的正面报道，以及我们鄙视的政治家或反对的政策的负面报道。

就像大脑一样，这些算法试图同时满足理性中心以及神经系统的其他需要。它所推送的特定内容会让我们对某个群体、某种文化或某种运动产生自我认同感，从而达到让我们感到安全和被爱的目的。不过，这些内容也可能带给我们威胁感，就像冲突中的黏性一样。这时，大脑不会管什么逻辑，只会"喂养"你固有的信念——融合了见识、看法、"直觉"、推理以及本能的混合物。冲突中，你无论遭遇什么，都会始终坚持自己的固有信念。

大脑用于滋养固有信念的这类信息算法被心理学家命名为"证实偏好"（confirmation bias），这充分表明，你的大脑就像一台分拣机，决定哪些信息可以用于确认你认为对的感觉，哪些信息则做不到，进而把前者作为有价值的信息加以推送，同时将后者抛弃遗忘（Heshmat，2015）。

我们渴望自己能够控制大脑的推理过程。可是，不管冥想多久，我们的大脑总会充满纷扰的思绪。我们清醒地意识到，"证实偏好"是一种客观存在的心理现象，难以改变。

你可曾有如下经历？你在某次假期中遇到一位亲戚，恰好你对他支持的候选人持反对态度。这样一来，不管你们共进了多少道菜品，但若你想要说服亲戚，让他明白他所支持的候选人其实是个"傻瓜"，仍是件相当困难的事情。他会无视你强有力的推理，只会断章取义地抓住你说过的某句话加以曲解，以此证明他们是对的、你反倒错了，是不是这样？

对了，还要注意另一件事。无论他多么努力，他也不能推翻你的证实偏好，是不是？

冲突中，当人们的对话陷入困境，彼此都只相信自己是对的、对方是错的时候，大脑算法会把对方提供的信息分成两类。其中一类，我们可称之为"查理·布朗的老师"，这类信息虽然是从对方口中说出的话，但大脑会认为它们类似于"哇啦哇啦"的噪声，缺乏合理性，没有意义，从而忽略它们。你的大脑相信这类信息对你不重要，至于它们对对方来说是否重要则无关紧要。

与此同时，一旦大脑听到的内容符合我们的偏见或信念，它就会立刻给它们贴上一个大大的"啊哈！"标签，转瞬间高度关注这些内容，记住那些可以用来证明对方是错的话语。正是这些话，不仅激活了大脑的认知中心，还会激活大脑的各种状态，从而粘住那些被贴上"啊哈！"标签的内容，忽视其余内容，悄无声息地把它们当成垃圾处理掉。

大脑的推理过程受动机驱动，从而决定各自的证实偏好。在应对冲突的过程中，这类证实偏好正是你的最大障碍，也是你最顽固的心理障碍。你的大脑会尽一切可能维护你的安全感、坚守你的信念，并致力于找到足以维持证实偏好的相关信息。大脑就是这样不停地努力工作，你由此确信那场严重的冲突不只是关乎一个停车位、某个候选人或是某个文件错误，相反，实际情况要严重得多。

这一切究竟是为什么？很简单，你一再地把每一次严重的冲突与自己关联起来，你的大脑对此非常清楚。所以，它把黏性当作最有效的策略，在你遭遇冲突时使你确信你的自我正受到威胁；它通过证实偏好对各种信息做出区分，精准筛选出特定信息。一旦某些信息无法证实你的偏好，你的大脑就不会加以关注，这些信息就成为毫无意义的"哇啦哇啦"般的噪声。

令人伤心的是，我们一旦陷入冲突，大脑肯定就不在最佳状态。这时，与你想象的有所不同，大部分脑区离线了，大脑的运行效率下降了。它比平时更混乱、更草率，含糊其词，混淆大场景和小局部。这时，它只关心当下，压根儿不考虑将来。

更要命的是，这时你的大脑会一个劲儿地让你相信自己，相信你是对的，相信你始终都是对的。冲突中的大脑让你确信，只有你的大脑才是你的坚强后盾，只有它最在乎你的利益，只有它知道什么对你最有利。

真相当然并非如此。上述这一切才是人们在冲突中最难以摆脱的困境。

所以，要想解决冲突，你必须学会拒绝相信冲突中的大脑。这里有些小建议，供你参考。

与黏性共舞

鉴于黏性是人类的一种神经生物学现实和心理现象，我们需要找到与之共舞的方法。此前所学的不加评判的反思态度、谦逊的好奇态度、自嘲式的幽默态度以及接受不完美的态度，是该行动的前提条件。

先从最具有挑战性的部分开始吧。

区分想法和客观事实

几乎所有人都要有清醒的认识。当代脑科学已证实，冲突中的大脑根本不会告诉你事实的真相。因此，当你置身冲突时，最重要的事情是学会区分想法和客观事实。冲突中，评估、解释和分析等所有的认知工具都会受到大脑的黏性影响。特别是当大脑非常确定、固执地让你相信"我已搞定一切"

时，上述认知工具受到扭曲的可能性就越大。

你很难摆脱这种黏性，对此，你只有经历很多事情后才可能心领神会。不过，也别太悲观，最有挑战性的情境里通常最有可能出现有意义的学习。你在最激动时，可采取不加评判的自我反思态度，发现自己到底错在哪里，结论通常是错得离谱；可采取谦逊的好奇态度，看清那些被大脑当成事实的个人想法，并在事后将事实与看法加以比较；可采取自嘲式的幽默态度，让自己在整个反思过程中更好过些。

冲突黏性是人类遗传表征的一部分，冲突中的神经系统及其相关的心理系统自发地趋向带来安全感的某种确定性。学会如何在冲突中抵制这种确定性，并且保持适当的善意怀疑，是我们的任务。幸运的是，这里有个最简单的技巧，且恰好就是幼儿教育工作者熟知且常用的教育原则。

请记住一个重要的儿童发展原则

对于下面这种情形，你也许似曾相识。你的同事刚刚开始从事幼儿教育工作，他感到很沮丧，和你聊天时可能会用诸如"他只是叛逆"或"她太糟糕了"这样的话语来描述某个孩子。每当遇到这种情形时，教师们就会想起幼儿教育领域中一个强大有力且相当重要的观念：幼儿的行为表现与其个体身份不是一码事。

一个学步儿没有按照你的要求收拾玩具，并不意味着他"只是叛逆"；一个幼儿园的孩子数数磕磕绊绊，并不意味着他"太糟糕了"。每种行为都有其特定的含义，但是永远不要以偏概全，用个别行为来描述一个孩子。

这是基本的幼儿教育原则，对吧？不过，冲突中的大脑也会把这一点忘掉，这是相当糟糕的事情。

当你身处一场难缠的冲突中时，你的大脑会尽力让你相信，把对方的失误、面部表情和口不择言等细节加在一起足以表明事情比看上去要麻烦得多。你的大脑不会区别对待对方的一个个行为，相反，它会大而化之地做出笼统的概括和判断，认为某一行为暴露出对方的"真实面目"，揭露出他们的"真实身份"；只有你是对的，他们都是错的；放心，一切都在控制中，难道不是吗？

简单地把行为表现等同于个体身份，确实会带来更大的麻烦。这时的你有必要用好专业的幼儿教育技能。一旦大脑开始把行为和个人混为一谈，你就可以退后一步，重新评估事态。比如，你不妨问问自己：行为表现和个人身份有哪些不同？如果我是另外一个人，大脑没有受到自身偏见干扰，对此又会如何看待？

另外，也许你在冲突一开始就把对方置于糟糕的境地，消极对待对方。毕竟，这时你不在最佳状态，需要退后一步，重新评估一切。事已至此，你何不假设对方也不在最佳状态，从而对他多些宽容呢？

尊重矛盾的力量

冲突中的你也许和大多数人一样，不愿意宽容对方。即使你可能会看到自己改变态度后带来的一点点好处，但很快，你自身固有信念的压力可能让你迟疑起来。也就是说，当你身处冲突时，你轻易不会改变自己的态度、看法和方法。

不少研究关注行为及其变化，重视信念缺乏时如何克服偏见的持续研究。比如，在《动机式访谈法：改变从激发内心开始》（*Motivational Interviewing: Helping People Change*）这本特别棒的书中，威廉·米勒和斯蒂芬·罗尔尼克（William Miller & Stephen Rollnick）指出："矛盾心理是指同一时间既想要又不想要某样东西，或者同时想要两件无法兼得的东西。这是人类自古以来的天性。"（Miller & Rollnick, 2013, p. 6）由此可见，矛盾心理也是有黏性的，否则你就不会迟疑，而是能够置之不理，去做那些正确的事，比如不吸烟、不吃糖果、不喝酒，对吧？

在书中，米勒和罗尔尼克对动机式访谈进行了具体描述，直面矛盾心理而不加以回避。他们在访谈中发现，当受访者考虑是否改变自身行为时，在他们的讲述里出现相互交织但类型不同的两种言论。

其一是维持性言论，这种言论是"旨在维持现状、不改变行为时的自我辩护"（Miller & Rollnick, 2013, p. 7）。这正是冲突中的大脑所做的事情。当你身处冲突时，你的大脑会发出一连串关于恶习、冲突、对方以及自身观点合理性等方面的声音，其目的就是维持现状。当然，你的大脑这么做并不存在问题，它是完全正常的。不过，矛盾心理的出现提示着我们，除此之外还有其他因素同时在起作用。

其二是改变性言论，这种言论是"支持改变的个人陈述"（Miller & Rollnick，2013，p. 7）。在冲突中，你需要听到大脑发出改变性言论，哪怕只有片刻的只言片语。为此，你可以通过以下这些简单的提问引发出改变性言论，还可以找到维持性言论的漏洞。

- 这种情况下，还有没有其他思考方式？
- 还有哪些可能的解释？
- 我想摆脱冲突，还是听之任之？

你需要以健康的心态悦纳自己大脑中出现的维持性言论。因为只有接纳，你才有可能开始留意到它的出现并明确将其识别出来。一旦你注意到这种旨在维持现状的思维活动，你就可以敦促自己开启改变性想法。与此同时，请带上不加评判的反思态度，保持谦逊的好奇。毕竟，你只是个普通人，无论大脑出现何种声音，都值得你去看看。

了解你能控制的以及不能控制的事情

大脑有一种让人类陷入困境的工作方式，那就是天生的控制欲。

幼儿教育工作者的很多工作都与控制和规划有关，比如确保合适的师幼比、协调孩子们的作息、制作持续稳定的时间表、规划课程以及设计评估等。这类控制性活动旨在促进孩子们茁壮成长，同时确保机构运转有效。不过，面临冲突时，恰恰是这种控制性有可能让人陷入困境。人们可能会纠结于某些无法改变的事情，或是徒劳地抱怨自己所没有的权力，与此同时，忽视我们有能力做出改变的事情。通常，人们很难对这两类事情加以区分。

下面这个练习将有助于你摆脱控制欲的束缚，不再纠结于那些无法控制的事情。本次练习作为前文提及的矛盾心理的应对策略，目的是帮助你的大脑产生改变性言论。

请你先在 A4 纸的中央画一个大圆圈，在圆圈的顶部内侧标注"我（我们）可以改变之事"，圈外对应位置标注"我（我们）不可改变之事"。然后，在圆圈的底部内侧标注"我（我们）可控之事"，圈外对应位置标注"我（我们）

不可控之事"。从而，我们对于自己能否控制或改变的内容在图上一目了然。

现在，请你仔细思考，找出与你正在经历的冲突或你正试图解决的问题有关的各种因素，认真考虑它们在圆圈内外的合适位置，然后写下来。如果你的冲突与其他人相关，你也可以邀请他们与你一起围绕这个练习展开讨论。有必要提醒你的是，要把与冲突相关的各种因素都想出来是需要花些时间的，所以请你认真思考，不必着急。

图3.1来自克里斯，他结合自己的工作项目创建了这个图，供你参考。

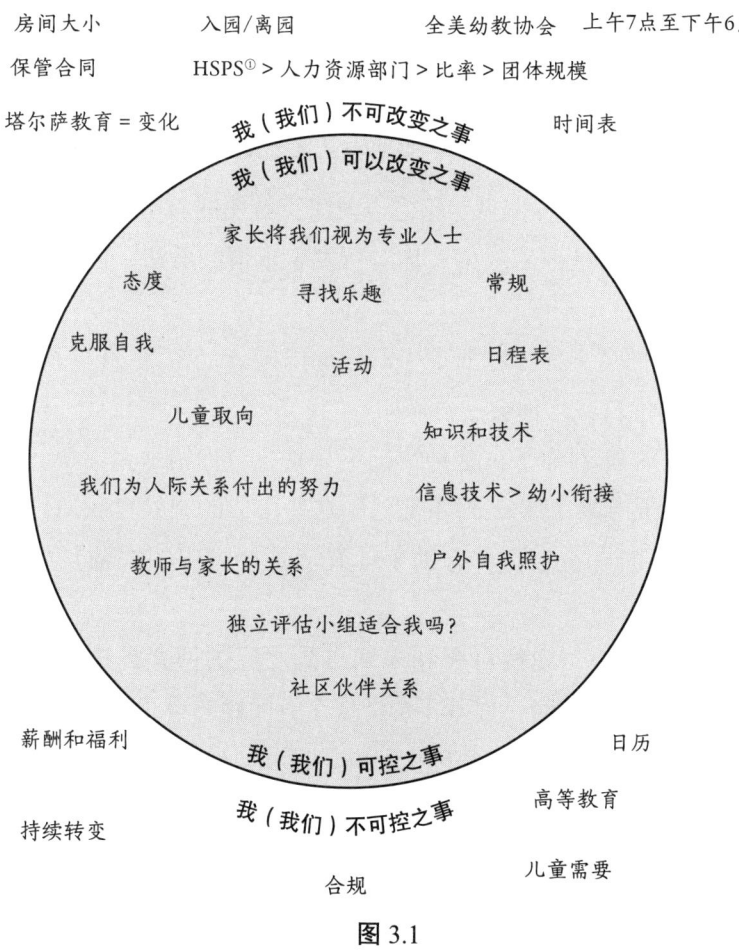

图 3.1

---

① 英文全称为"Head Start Performance Standards"，即开端计划执行标准。——译者注

当你逐项认真思考并将其填写在适当的位置后，你将在练习中获得某种宣泄式的问题解决体验。一旦奏效，它就能赋予我们力量，摆脱不可控之事，实事求是地创建思维框架，专注于力所能及的事项。随着练习时间越来越长，你的努力有可能改变那些原本不可控之事，你将迎来振奋人心的成功时刻！

激活专注于自我观察的专业自我

直到此时，我们终于可以看清楚冲突中最棘手的问题其实是自己！

在冲突中，我们往往试图捍卫自己的观点、行为、价值观以及所有自己带入冲突中的东西，那些使我们成为"我自己"的东西。而由于我们在冲突中担心自己是否会被爱、被欣赏、被尊重甚至是否安全，于是把大量的精力投入到这个"我"上。

庆幸的是，我们现在已经明白，"你是谁"不等同于"你告诉自己你是谁"。你在冲突中的恐惧、偏见、信念以及焦点鲜明的叙事方式表明：你实际坚持的是你关于自己是谁的故事、你对所发生事情的看法，以及你对自身感受合理性的维护。

一旦你能够把真实的你和故事中的你加以区分，你就可以后退一步，从而激活你的觉察性自我。你会一再声明："我又来了，不要仅凭一两个失误就草率地下结论。""抓到你了！这种情况不只是我对你错那么简单。""拜托！他们并没有你说的那么糟糕，对不对？"这些由你的观察自我向你大脑偏好的未知自我发出的有益宣言，有助于你看清楚冲突中的大脑是如何火上浇油的。

在反思性督导中，观察自我和未知自我之间的博弈被命名为"专业自我"。当你启动专业自我时，你既不会把那个有问题的自我扔进垃圾桶，也不会全盘接受旨在说服你的每一个自我叙事。相反，观察自我会审核大脑叙事，你可以结合以下问题展开进一步的思考。

- 在这一刻，你想成为什么样的人？
- 当冲突结束时，你希望自己成为什么样的人？
- 你的职务需要你成功地应对冲突。为此，你想激活自我的哪些方面？
- 这里的哪些事情让你感到棘手？为此，你曾做过哪些不合适的事情？

- 你正努力维持现状,还是致力于行为改变?

你是否能记起本书第一章中有关克里斯蒂娜的故事?能否记得她在那举步维艰的一周里的诸多烦恼以及羞愧感?实际上,她的员工们都觉得她那一周的事情处理得非常好,并在接下来的一周陆陆续续向她进行了反馈。

克里斯蒂娜之所以能够做到这些,是因为她区分出了自我和对自我的专业运用。诚然,她的情绪反应是真实的,但她能通过观察自我来审视和监管自己的羞愧感。面对自己的消极情绪,她既不否认也不放任,恰如其分地发挥了专业自我的作用。

当你在反思中能以我们讲过的四种重要态度对自己提出上述问题,一切就能奏效。为了正视自我,你需要好好练习,评判自我时不能太苛刻。只有在尝到自我反思的甜头后,你才会承认有些解释确实无益。与此同时,你才可能发现,出现问题并不代表你是个有问题的人。

为了更好地把握不完美的自我并对其有更多领悟,你需要找到好方法。如果你做得到,不时地一笑而过也是可以的。在此之前,你可能已经看到自己的很多问题,但鉴于你纠结的大脑,你想要放弃它们总不那么容易。

记住:接受不完美

面对每一次冲突,你既需要解决实际问题,又需要学到通用性做法,如何两全?我们当然都愿意相信,实践终究会有个完美的结局,可事实是冲突的解决总是不完美的,实践中并不存在一条完美的终点线或一个通用的好标准。

无论哪次冲突,你可能都已经发现,自己始终做不到彻底地解决问题。这并不等于失败。毕竟,在一次次冲突中,你逐渐学到了如何更好地面对冲突、如何与对方建立更真实有效的关系、如何成为真正的自己。所以,我们必须直面冲突,怀着谦逊的态度投入冲突,既不执着于完美,也不执着于结局。

一个很好的例子就是克里斯蒂娜遇到的那个"难缠的孩子"。几十年来,因为未能很好地应对他的挑战性行为,她一直备受困扰。

我始终会想到这个孩子。我当然希望问题已得到解决,有个圆满的结局,能够保证这个孩子将来拥有顺利且成功的人生。可是,没有。这正是"难缠"的本意所在。

不过,难缠也有建设性的一面。我经常会想到,他身边的那些成年人始终在想方设法、坚持不懈地为他提供各种支持。每当想到这个孩子的艰难处境,我都会提醒自己记住,尽管我无法做到完美,但我已从不完美中学到太多东西。

多年以后,我再一次遇到了一个与他类似的孩子,他在教室里的行为表现对我们而言充满挑战。这时,我的身份已发生变化,我是教师的支持者,当事态超出他们力所能及的专业范围时,我要给予教师支持。我首次见到这个孩子时,他正使出浑身力气乱扔玩具、翻箱倒柜、大喊大叫,完全陷入了失控的状态。

每位幼儿教育工作者都想知道预防和干预这类突发情形的妙招。可是,假如你对此类情形似曾相识,那么你肯定会清醒地认识到这样一个痛苦的现实——来到这个世界的孩子们并没有带上魔法棒或使用手册。

我唯一的法宝就是这么多年来形成的关于实践不完美的信念、保持谦逊的态度以及反思能力,提醒自己:"这一切将如何结束,我不知道,但我会牢牢记住如何在不完美中展开具体行动。"正是从多年前遇到的第一个"难缠的孩子"那里,我学会了面对当下,学会了怎样看待眼前的他并且信任自己,相信自己可以和他建立联结。

我提醒自己顺其自然。于是,我坐下来,暂停片刻,表现出信任他人应有的样子。然后,我深吸一口气,放松肩膀,提醒自己注意保持客观中立的态度。直到此时,我才开口说话:"哇!这里有很多东西都不对劲。"我还提醒自己运用不加评判的态度,于是接着说:"事情有点严重,声音太大了。"

他不再扔东西,也不再大喊大叫,我们俩一起把玩具捡了起来。

看上去很神奇,对吧?但我向你保证,实际上一点都不神奇、不够快、更谈不上井然有序,而且我还预感到,这个孩子的行为失控问题并没有得到解决，将来还会出现。

不过，这就是我们建立起来的最初联系，也是彼此共享的真实联系，为此后我们之间的互动定下了基调。我暗自承诺：我会全身心地投入到这件事情中。同时，我向他保证：一旦事情变得更糟糕，我一定会来到他身边支持他。渐渐地，大家都看到了他缓慢但真实的进步。

不完美，对吧？但是，世上并不存在完美。我们只要心怀谦逊、有效反思、多些投入，就可以做得好些、更好些。

即使你成功地应对了某次冲突，但它并不能保证你接下来就能成功地应对所有冲突。我们始终需要保持谦逊和好奇的态度，需要不断地反思，从而在冲突中不断成长。与此同时，我们需要更宽容地面对他人，无论是成年人还是孩子。我们只有接纳自己的不完美，才能更好地面对他人的不完美，给他们更多空间，让他们有机会去复原或回归、去尝试，并因为冲突而变得更好。否则，我们就会扼杀他们成功和成长的可能性。

第四章
实践是不完美的

如果未曾遇到冲突，那就谈不上学习如何在冲突中工作。当然，我们不希望你为了学习而制造一场冲突。不过，我们确实需要一个合适的、具有一定张力的冲突案例来练手。为此，本章将虚构罗宾和帕克这两个人物，通过展示他们之间的冲突以及一些可能会让你特别好奇的纠结和矛盾，具体展开案例的分析和研讨。

我们专门在本章设计了不少反思性提问，请你以此为工具，再次考量你曾经历过的冲突，不管这些冲突来自工作情境还是生活情境。

参与者通常会在工作坊的角色扮演练习中产生强烈的体验感，你在接下来的学习中可能也会如此。确实，很多冲突教训只能靠自己默默体会，难以言表。这类感觉多种多样，很强烈，既莫名其妙又无法预测，个别情绪甚至可能令人难以承受。因此，在这里，我们有必要先行探讨如何驾驭强烈的情绪。

每次艰难的对话其实都是三重奏

现有的绝大多数培训中，冲突解决过程大多包含多个步骤。情绪管理作为其中一个重要的环节，人们精心设计了多个步骤，从三步到九步不等。无论是三步还是九步，实际上，冲突中的情绪管理基本步骤所包括的内容不过是两部分，即"发生了什么"以及"感觉如何"。

第一部分即回忆"发生了什么"阶段。参与者简要回顾冲突事件，这属于情绪管理中的客观部分。我们把这种探索称作"迂回"：询问发生的事情——重复某人说过的话——确认其合理性。本书第七章还将进一步对此进行讨论。

第二部分即陈述"感觉如何"阶段。这个阶段探索每个人的具体感受。练习中，陈述者运用"我感觉……"这一句式展开具体叙述，倾听者加以共情。随后，两人角色互换，重复进行这一步骤。

把上述两部分结合在一起进行冲突解决办法的训练，看上去简单明了，可问题在于它们通常很少奏效，为什么呢？

原因在于，冲突中的人们艰难地展开对话时，要对"发生了什么"和"感觉如何"做出区分的任务看似很简单，实际上，真正能做到的人相当少。每当我们试图客观地描述冲突情境时，大脑就会把我们拉回冲突现场，让我们再次体验事发当时的情绪感受，从而将两者搅和在一起。哪怕只需要按照一定顺序，先把发生了什么事情说清楚，再把自己感觉如何说清楚，这也是一项极有挑战性的认知任务。

我们只有通过大量的练习，才有可能理清冲突中杂乱无章的反应以及弥散在事件描述中的情绪感受；只有通过充分的自我觉察，才有可能识别出自己有意选择并且很重视的那些细节、个人意见以及情绪感受。

当我们处于情绪激动的状态时，大脑难以对事态进行细致、客观的分析。这时，我们说出的话中往往混杂着可能导致指责、控诉以及对个人贡献的曲解等的情绪情感。假如你曾经遭受过他人指责，那么你肯定明白我所说的意思，冲突中的指责只会让紧张局面升级，而不是让问题得以解决。

所以，如果你只想通过上述两步来应对冲突，那么你所面对的问题很有可能会继续存在下去。毕竟，冲突中，除了客观的事件本身以及主观的个人感受，还有一些东西始终若隐若现。接下来，我们看一看下面这个家庭冲突，它看上去很简单，也很常见。

星期天，你正忙着做家务。当你端着装满这一周脏衣服的大篮子，从楼上下来，走向洗衣机时，你看到地板上有一件你爱人穿过的内衣。你弯下腰去捡，却弄翻了大篮子，脏衣服散落一地，你迅速捡起所有东西。就在这一瞬间，你发现自己忽然怒上心来、不可遏制。

事情就是这样，让我们先用"两步法"来分析一下吧！

第一步：发生了什么？你洗衣服时发现你爱人把脏内衣丢在了地板上。这是相当简单的一件小事。

第二步：感觉如何？也许你一开始冒出"又来了"的一丝恼怒，但你没有在意；然后，当你弯腰去捡脏内衣的时候，这一丝恼怒升级成沮丧感；最后，你面对散落一地的脏衣服，勃然大怒。

这样的分析是否能让你感觉好点？如果你用这种方式和你爱人进行交流，你认为你们的冲突可否因此得到解决？

可是，总感觉缺了点什么，你认为呢？是的，整个过程都很重要——"只是一件脏衣服而已！"，真是这样吗？我们应如何看待蕴藏其间的心理落差？真正的原因到底是什么，以至于你竟会对地上的一件内衣耿耿于怀、勃然大怒？

对于冲突中缺失的这个部分，有个旨在促进冲突双方磋商的"哈佛谈判项目"正在开展研究。这个项目涉及各种冲突，小到两名员工之间的工作冲突，大到邦国之间缔结和平条约时的冲突。研究者通过分析多种冲突情境发现，几乎所有冲突中都始终存在着一个关键的因素——身份，它是冲突情绪管理中的第三部分（Stone，Patton，& Heen，1999）。

让我们再来看看上述案例中的那件内衣。确实，每个人都有些盲点、坏习惯，也都有一些让人烦的地方，伴侣也不例外，比如总是忘关油箱指示灯、胡乱安装洗碗机或错过纪念日。不过，研究表明，伴侣身上的一些特质可能比其他特质带给冲突的影响更大，因为它涉及斯通、巴顿和希恩（Stone，Patton，& Heen）所指出的身份问题，我们完全赞同他们这一观点。在上述案例中，脏内衣之所以引发冲突，就是因为它关系到你和伴侣在亲密关系中的身份问题。地板上的这件内衣、没能好好安装的洗碗机、没被及时换好的空煤气罐，就像确凿的证据，清楚明确地表明了你在家庭中的真实身份。

你的大脑可能把那件内衣只是看作普通的内衣，但在你伴侣的眼里，如果你是一位不被尊重的家庭成员，那件内衣就可能意味着你不过是一个提供家庭服务的劳动力而已。那件内衣作为某种标志物，足以表明你周末为家庭所付出的劳动没有受到重视和尊重，是毫无价值的。而且，它也足以表明，在家庭中，你是一个不受尊重、被忽视且无足轻重的人。

在冲突中，这件内衣不再只是一件内衣，也远不止"只是一件内衣"。从根本上说，它已与内衣无关，而是与你相关，与你在你们关系中的实际身份相关。

现在，请你再一次回想一下我们在本书第二章中讨论过的冲突案例。看上去是克里斯一手制造了家长会的乱局，尽管最终没有酿成大祸，且对大多数园长来说这类冲突可谓家常便饭，但是克里斯并不这么看，他认为自己的身份受到了威胁。无论是在团队管理、家园互动时，还是在冲突应对中，这一切都与他的身份感相关联，最后一点尤其突出，他感到应对冲突时自己的身份岌岌可危。克里斯蒂娜的情况也是如此。原本代理园长可以设计出更好的作息时间表，但是由于她忽视了克里斯蒂娜的经验和看法，因此她没有做到。她的这种做法对克里斯蒂娜的专业身份感构成了威胁。

> 每场冲突确实都是三重奏。冲突就像一口锅，那些实际发生的事情、具体的情绪感受以及实际身份感都乱七八糟地炖在一起。

所以，我们完全相信斯通、巴顿和希恩所说的，每场冲突确实都是三重奏。冲突就像一口锅，那些实际发生的事情、具体的情绪感受以及实际身份感都乱七八糟地炖在一起。倘若只关注发生了什么以及感觉如何，而忽略身份问题这一重要因素，冲突这台车子就会像发动机没了汽油一样。因此，要想在冲突中找到自己的出路，就必须厘清搅和在一起的三部分，这意味着我们需要利用与这三个部分有关的个人经验来练习。

做好情绪管理这一准备工作后，现在是时候一起会会罗宾和帕特这两个人了。

为什么是罗宾和帕特？

十几年前，克里斯曾受邀帮助一家社区非营利机构解决团队建设问题。在此之前，他与这家机构曾有过合作，议题涉及文化、多样性以及平等。合作中，他发现，每当遭遇人际冲突时，该机构就会举步维艰。团队建设任务将是个艰巨的挑战，因为该机构的团队成员之间缺乏信任，工作坊中定会发生真实的争吵，所以他们不可能真正地参与进来。然而，如果我们避开实际争端，对其所涉及的真实议题避而不谈，那么举办工作坊的意义就不大了。

于是，克里斯专门设计了罗宾和帕特这两个虚构人物，他们之间发生的冲突与文化、多样性和平等等多个议题相关。这些年来，我们不时地对这个案例进行修改，持续不断地进行完善，以确保该案例能满足工作坊的实际需要。

到今天为止，我们已经和几千名工作坊学员一起使用过这个案例，实际反响很好。这个案例渐渐成为工作坊中最引人入胜、有趣且最有情感冲击力的一部分，而且总是如此，屡试不爽。

尽管本书无法为你安排一个学习搭档，但希望你能在接下来的学习中像他们一样感受到这个案例所具有的妙趣横生、震撼心灵的魅力。

罗宾的案例及分析

在此先介绍一下罗宾。请你仔细阅读案例，尽可能多读几遍，试着用罗宾的视角看待所发生的一切。这听上去似乎有些矛盾，但我们向你保证，这么做将有助于你反思案例情境中涉及的自我身份、个人观点、假设以及盲点等关键要素。所以，请你带着饱满的热情投入到角色扮演中吧！

认识罗宾

从一起工作的第一天起，你和帕特似乎就不合拍。

每次小组讨论时，你都积极地做出贡献，但大多数时间里，帕特都只是斜靠在椅子上、盯着天花板看。你认为帕特很无聊，而且压根儿不关心你说了些什么。你曾试着在讨论中对帕特多加关注，并热情地回应帕特所说的话。但是，收效甚微，帕特总是一副生气的样子。

你很沮丧，因为你感觉帕特对你的恼怒已经对你和其他人的合作造成影响。你是外地人，帕特却是在当地长大的。相比较而言，你只有通过努力工作才能接触到当地的家庭。但帕特似乎总故意为难你，让你难堪。比如，每次当你试着与家长接触、彼此开始有点互动时，帕特就会过来主导大家的讨论。

就在两周前，你曾认真考虑过要不要找园长谈谈你和帕特之间存在的问题。你觉得和园长在一起很放松，平时也经常向他提出一些类似的问题。不过，就在你准备和园长说这件事的时候，你听到帕特告诉园长说你们俩关系很好。你看到帕特这么说的时候脸上还带着灿烂的笑容！所以，你相信，帕特认为你们之间没有问题，你决定试着把这件事忘掉。

昨天，你看到帕特和一位抱着婴儿的母亲在一起，正在讨论如何填写表格。正好你先前那份工作与此相关，所以你对这些政府表格很熟悉。于是，你走了过去，想提供帮助。可是，就在你字斟句酌，认真地向家长解释表格中的内容时，帕特生气了并冲出了教室。

在你看来，一切都表明，帕特和你之间存在着问题，而且问题很大。帕特真是不可理喻，你不过是想帮忙而已。所以，是时候让帕特处理这些问题了。

探究罗宾的观点

现在，你认识罗宾了。在探究罗宾的观点之前，请你思考以下问题：

- 你带入罗宾案例中的那个"你"是谁？
- 你同意罗宾的哪些说法和做法？你认为罗宾这样行得通吗？
- 关于接下来会发生什么，你有哪些假设？为此你添加了哪些额外信息？
- 罗宾的反应是否引发了你的反应？罗宾的情绪可曾唤起你的情绪？
- 如果你确实在某些方面认同罗宾，那么你所针对的"帕特"会是谁呢？这个"帕特"来自何方？

是时候卷入得更深一些了，我们先来分析罗宾的观点。

首先，了解一下小组会议期间所发生的事情。罗宾似乎轻松地做出小组贡献，但认为帕特对此根本不在意，总像局外人一样对罗宾的作为漠不关心。

紧接着，罗宾谈到自己为支持当地社区的家庭所做出的努力。帕特就在这个社区长大，罗宾是外来人，可是帕特不仅不给予罗宾必要的支持和帮助，看上去还有意搞破坏，因为帕特径直主导了罗宾和家长之间的互动。

然后，事情变得越来越糟糕，以至于罗宾开始考虑是否要找园长专门谈谈此事。罗宾和园长一直相处得很好，但当罗宾无意间看到帕特带着微笑对园长保证说他们关系很好时，罗宾就觉得没有必要再找园长谈此事。不过，当罗宾看见帕特和家长在讨论表格，自己上前帮忙时，帕特却悻悻地离开了，罗宾陷入进一步的沮丧之中。他们之间的冲突显然爆发了。

很明显，罗宾对于自己和帕特的关系深感不安，对问题的解决不抱希望。那么，是什么原因导致罗宾的一系列反应呢？仔细读完案例后，我们都会清楚地看到，罗宾的所有反应其实都与其身份紧密关联在一起。

罗宾和绝大多数从事幼儿教育工作的人一样，选择幼儿教师这一职业就是为了帮助他人。罗宾的身份实际上与"做好事"联系在一起。其实罗宾做得很好，比如在小组讨论中做出"贡献"、把先前的工作经验带进幼儿教育工作中、与园长的关系良好，以及为了与本地社区建立联系而努力工作。

但是，罗宾的观点是否令人信服？你能否留意到罗宾的表述中存在着一些冲突中常见的盲点？它们是否阻碍着罗宾对真实情况保持应有的觉察？我们可以运用前文已讨论过的几个概念来解析罗宾的冲突故事。

关键的反思

先来看看罗宾是如何定义冲突的。在罗宾看来，帕特经常忽视他，对他努力背后的良苦用心视而不见，对他的努力反应消极；两人在社区家庭工作中似乎不可能合作，彼此缺乏可以共享的价值观。

事实果真如此吗？罗宾究竟是从哪里找到支撑这些观点的证据的？

案例表明，罗宾的结论大都来自非言语行为的支持。比如：当罗宾说话时，帕特盯着天花板看；令罗宾感到沮丧的帕特的面部表情；当园长询问两人关系如何时，帕特确实做出了微笑的回应，罗宾将此微笑表情解读为"关系很好！"，据此推断帕特认为他们之间不存在冲突。

有关家长工作看法的那部分证据呢？该由谁来定义哪些努力是有益的贡

献？哪些做法是粗鲁的干扰？在罗宾的叙述中，你是否发现了有些地方很有趣？一方面，罗宾认为帕特的介入是对他正在进行的家长工作的干扰，足以证明帕特不尊重罗宾的工作；但是，当罗宾介入帕特的家长工作时，它却成了罗宾乐于助人、考虑周全的证据，介入不再是干扰。

罗宾对帕特缺乏基本的信任。此外，罗宾对帕特的行为所做出的解释，取决于自己的一系列假设，对相关行为的含义及其背后的价值观、两人关系等都有着不言自明的假设。可以说，只要有可能，罗宾就会用评判、怀疑的方式解释帕特的行为。

罗宾基本上没有遵循本书引言中所提到的冲突应对的任一核心原则，且非黑即白、简单判定对错的思维方式尤其突出。事实上，罗宾关于冲突的整个叙述读上去就像律师的法庭陈述，把所有问题都归咎于帕特，自己不存在任何过错。罗宾根本意识不到任何冲突都是双方共同造成的，没有站在帕特的立场上思考问题，而是一门心思地收集反对帕特的更多证据。罗宾根本不相信这样的冲突中有值得学习之处，认为它压根儿就是对工作的干扰，不可能是工作的一部分。

接下来，请你运用以下问题再次分析罗宾的案例，本书第二章已出现过这个由四个问题组成的系列工具。

1. 你的话更能反映谁的看法？你自己的？还是对方的？
2. 在你的冲突故事中，你把时间更多用于关注冲突中的情绪体验还是冲突的结束方式或结果上？
3. 你把时间更多用于关注意图还是影响？
4. 回想一下冲突，其紧张局面带给你的不适感如何？你完全沉浸其中，还是急于摆脱？

情绪体验、冲突情境和冲突结果三者之中，罗宾更关注哪一个？他是否有兴趣参与进来，面对冲突，承认彼此关系出现裂痕并愿意修复关系？罗宾是否有可能不惜一切代价地逃避冲突？

就罗宾的案例而言，对"你把时间更多用于关注意图还是影响？"这一问题的反思最重要。罗宾和大多数人一样，面临困境时会竭力地为自己辩护。

罗宾反复强调自己的良好意图，用了"贡献""帮忙"等词语。然而，罗宾在这么做的时候，似乎不能够或者是不愿意去探究这些善意举动所带来的实际影响。

前行中的罗宾不会考虑帕特的想法，但我们会。你做好准备来认识帕特了吗？

帕特的案例及分析

在你站在帕特的立场上之前，有必要遵循几个重要原则。首先就是：如果在阅读罗宾的故事时，你曾有所赞同，那么当你读到帕特的故事时，你可能会觉得帕特的说法令你难以置信。是的，即使这不是"你自己的"冲突，你也会在本章角色扮演练习中带入自己。你确实有可能会抵制帕特，以保持你对罗宾产生的某种认同。

如果上述表达与你的感受相符，那么罗宾的故事一定在某种程度上暗示了你的身份的某些方面。即使罗宾是一个完完全全的虚构人物，但是对你来说，罗宾的观点使你感同身受。

因此，如果事实真是这样，请你在换位思考、全盘采纳帕特的观点之前，先花点时间做几次深呼吸，暂停一下。

认识帕特

从一起工作的第一天起，你似乎就和罗宾合不来。

每当罗宾在会议上发言时，你都会集中注意力认真地倾听，可是罗宾经常滔滔不绝，不允许其他人插话。当你终于能说上一两句时，罗宾就会像没听到一样。有时，罗宾甚至会在你开口说话时，跟坐在隔壁椅子上的同事聊天。

最近，这种情况升级成大问题了。确实，每当罗宾陷入家长沟通困境、你试图上前帮忙时，你就会十分恼火。因为当你为罗宾做这些的时候，罗宾通常就变得不高兴。可是，你喜欢和当地的家长在一起工作，你是在这个小镇长大的，你很清楚镇上的人们都看重你的用心用力，每天都会有熟人对你说这样的话。罗宾不明白这一点也就罢了，这不重要，罗宾在外地长大，但是在我们当地读的大学。说真的，这就是你的社区，而不是罗宾的社区。

不过，罗宾和园长的关系似乎很好，园长也不是本地人，他们俩总在一起聊天。你和园长的关系从来没有那么融洽过，当然你就不会向他提起你和罗宾之间的麻烦事。一旦你有所抱怨，谁知道园长会怎么看待你呢？前几天，园长和罗宾聊天时，园长看到了你，问你最近怎么样。园长是用那种"我不是真心的"客套方式询问的，所以你只能笑着说"很好"。

昨天，你正在和一位你非常熟悉的孩子妈妈聊天，罗宾走过来径直打断了你们。当你努力想再次参与时，罗宾又跳了进来纠正你的用语。

现在，你真的特别沮丧，难以忍受有人当着你所在社区家长的面不尊重你。是时候让罗宾来处理这些问题了。

探究帕特的观点

罗宾和帕特的故事已经讲完了，这两个虚构的人物已为本书做完所有他们该做的事情。现在，你是否正处于或点头赞叹、或连声"哇哦"、或会心微笑中呢？

多年来，工作坊中的学员们面对这个案例的反应各不相同。每当他们互换角色、读完对方的故事之后，就好像十几扇原本紧闭的大门一下子被打开，透进来更多的光亮、暖意以及空气。转瞬之间，罗宾成为一个有血有肉的立体的人，脆弱、有缺点，但我们无法轻易地将其评判为"浑蛋"。同样，帕特成为一个真正的人，而不再只是一个漫画人物，真实地应对着罗宾诸多的弱点和缺点。

请大家再花几分钟思考以下这组问题：

- 你带入帕特案例中的那个"你"是谁？
- 你同意帕特的哪些说法和做法？你认为帕特这样行得通吗？
- 关于接下来会发生什么，你有哪些假设？为此你添加了哪些额外信息？
- 帕特的反应是否引发了你的反应？帕特的情绪可曾唤起你的情绪？

- 如果你确实在某些方面认同帕特，那么你所针对的"罗宾"是谁？这个"罗宾"来自何方？

冲突通过消除细微差异和复杂性来限制意义，所以为了探究这些细微差异和复杂性，我们需要花费大量的时间和精力。

> 冲突通过消除细微差异和复杂性来限制意义，所以为了探究这些细微差异和复杂性，我们需要花费大量的时间和精力。

让我们先从倾听行为开始，这是两个案例中都存在的最简单却又最微妙的部分。罗宾认为帕特没有在倾听，因为帕特盯着天花板看；帕特认为罗宾没有在倾听，因为罗宾与他人交谈。但两人都声称自己在倾听，这到底是怎么回事呢？

需要提醒大家注意的是，人们通常会将自身文化中习得的行为视作规范，进而赋予这些规范以特定的意义和价值。冲突发生时，如果某人行为不符合该规范，这种行为就会被用来反证他们自己执着的评判观点的正确性。

倾听就是一个很好的例子。对有些人来说，专心倾听意味着静静地坐着、与说话者进行眼神交流，并通过点头和微笑等姿态表明自己在关注。罗宾和帕特都没有这样做——他们俩都据此认定对方没有在倾听。

但是，他们俩的故事清楚地告诉我们，帕特为了集中注意力，在罗宾说话时抬起头向上看，以此排除视野中的干扰，从而保证专心听罗宾说话，这种专注倾听的方式其实很常见。

你不妨现在就试试看：当你抬头看着天花板时，评估一下这样做是否有助于你更专注地倾听房间里的声音。好，现在你听到了什么？哪些声音是你刚才阅读时没能听见的？

罗宾的行为又如何呢？与帕特不同，有些人为了集中注意力，不会采取独自行动的方式，相反，他们会和其他听众进行讨论。我们的工作坊中就总会出现这种情况，听到我们分享的某个观点后，一名学员马上兴奋地转向另一名学员加以重复或讨论。他们没有分心，而是深深地投入其中，并因为投入而有所行动。因此，如果说故事中的罗宾正是为了理解而说话，这不奇怪吧？

罗宾和帕特都认为，自己的行为足以证明自己是个相当专注的倾听者，始终带着兴趣和尊重在倾听对方。然而，由于这些倾听行为与他们各自所习惯的规范并不一致，从而事与愿违，彼此的言谈举止反倒助长了对方的负面判断。

该案例的冲突情境中，还有更多带有微妙伤害性的行为。以两人与园长的关系为例，在罗宾看来，自己与园长的互动很平常，没有什么大不了；他们的关系让罗宾感觉很舒服；罗宾觉得团队中的任何人都可以获得这种舒适感。

然而，对帕特来说，罗宾与园长的关系带给帕特的影响相当复杂。与罗宾不同，帕特没有感受到那种舒适感；若说有所在意的话，园长表现出的漫不经心让帕特忧心忡忡，这表明帕特不仅不可能向园长"抱怨"，而且当园长询问帕特和罗宾的关系状况时，帕特既不会把它当作一个可信赖的问题，更不会安心地如实作答。

从他们俩的故事中，我们还可以进一步看清园长角色的影响，看清监督权力如何以一种复杂的、通常也是隐蔽的方式通行于冲突情境之中。在帕特眼里，罗宾和园长之间舒服的互动关系类似于某种偏袒，他们俩的沟通风格不同于帕特；他们俩都来自外地，而帕特是在工作所在社区里长大的本地人。

同样，虽然园长和罗宾并非有意制造偏袒感，但他们俩的关系对帕特的影响显而易见。所以，帕特为什么要冒着失去工作地位的风险去抱怨老板的"掌上明珠"呢？于是，帕特只能笑一笑，然后说"很好"，我们也肯定会那么做。

此外，罗宾和帕特都表示，他们都是尽己所能地帮助和支持对方。但是，"帮助"和"支持"，就像帕特和罗宾各自所说的那样，各有其复杂的内涵。

重新审视关键的反思

我们所接触到的很多冲突都在重复着一种相同的模式。帕特选出符合"罗宾是这场混乱的罪魁祸首"这一感觉的元素，以此定义自己与罗宾的冲突；罗宾的做法同样如此。值得注意的是，他们各自提出的证据多么惊人的一致：罗宾不倾听（和帕特一样）；罗宾打岔（和帕特一样）；罗宾需要帮助（和帕特一样）；罗宾不想解决问题（和帕特一样）。他们各自定义的冲突要素就像在照镜子,而且都基于各自心目中被明显扭曲的对方形象。

换句话说,帕特的反应是罗宾内心对彼此关系信任不足的某种回应。当冲突发生时,帕特从这一点出发快速地将各种行为表现解读为特定的意图、特定的价值观以及特定的关系状况,没能暂停一下,问一问所有这些对罗宾而言到底意味着什么?结果,帕特和罗宾一样因冲突这座冰山而崩溃了,满脑子只想着责备对方、判断对错,可见他们俩的冲突反应都集中在各种黏性假设上,无法做到开放探究。

从这场冲突中,我们应吸取的关键教训在于:对意图及影响加以反思,总能带来有益的视角转变。罗宾和帕特本意是想给对方提供帮助,结果产生的却是负面影响;他们俩都受困于服务社区的良好承诺,但都没有看到这些承诺带来的各种困扰。

> 对意图及影响加以反思,总能带来有益的视角转变。

尽管他们的故事是虚构的,但我们这两位作者都必须承认,很多时候,我们俩都特别想跳进他们的现场,一把抓住他们俩,说:"你们给我听好了!你们一门心思只琢磨为什么这么做,从来没想过你们的实际行为带来的影响,也没想过这些影响是很容易修复的!"

从罗宾和帕特身上获得的学习

你是否也曾遇到过下面这种冲突情形:当发生冲突时,对方一再坚持声称他们做某件让你困扰的事情,目的是给你"提供帮助"?通常情况下,他们会像本书第二章中克里斯的做法一样,防御性地列出一长串导致这一行为的个人假设。他们察觉到问题或挑战,认为负责处理这种情况的人缺乏一些重要的东西来解决问题。幸运的是,你所缺乏的东西正是他们所拥有的。

这是一种"缺陷本位"的思维方式。如果加诸儿童,作为幼儿教育工作者的我们肯定会加以谴责,因为我们和儿童在一起时总会致力于发现和发展孩子们的优势,寻找机会加以拓展,把孩子们的优势看作他们发展的基础和前提。然而,当我们和成年人在一起时,我们的所作所为恰恰相反,很多时候我们甚至意识不到自己始终是透过"缺陷"看问题，总在忙于"提供帮助"。

必须清醒地认识到，对于冲突中的混乱局面而言，这类"帮助"所带来的最具破坏性的影响就是自顾自地行动。在罗宾和帕特的冲突中，他们俩都是"孤独的行动者"，只站在自己的立场上、依靠自己的视角看问题；只靠这一有限视角收集信息并做出判断；只认定自己的解决方案，没有咨询任何人。而且，这些想法都来自一个最初的假设：对方缺乏自己拥有的技能、视角和洞察力。

现实生活中的很多冲突正由此而生，双方在冲突的每一个阶段都未能合作，总是自顾自地基于未经审查的自身需求、个人偏见和看法快速地行动，被热切的渴望蒙蔽了双眼，从而无法看到自身行为所带来的影响。试想一下，如果罗宾或帕特第一次给对方"提供帮助"之后再简单地问问对方"我们能不能坐下来，一起想想如何把家长工作做得更好？"，此后的冲突是否就可能不会发生？事实就是这样，简单的对话邀请就足以避免很多冲突。

那么，罗宾和帕特究竟是在帮助谁？在不同的冲突情境中，"正在提供帮助"的含义显得格外复杂。帕特做好家长工作的宗旨在于服务社区，帕特不仅在这个社区长大，而且经常可以从中得到相应的工作肯定。罗宾不同，罗宾是外地人，理解自己作为外地人的身份认定，在一定程度上接受这种身份认定。可是，恰恰就是这一外地人的认定，既把罗宾从当地社区中边缘化，又成为罗宾与园长之间彼此互动的联系纽带。这些因素进一步交织在一起，并未促使两人共同致力于做好社区服务，而是构成了他们评判彼此行为的依据。可见，他们缺乏合作，未能换位思考，最终伤害的还是他们自己。

为了帮助大家从这场混乱而有趣的冲突中学到更多，我们提出以下有用的建议，供你们参考。

非对即错之外存在着更多的可能性

非此即彼、非对即错的思维方式就像一块吸引力巨大的磁铁，始终拉扯着我们，而它在冲突中发挥的作用几乎总是破坏性的。罗宾和帕特未能抵挡住这种二元论的思维方式，任由自己被牵引着，将判定对错作为解决方案，聚焦于对错而非冲突问题本身。所有这些僵化的道德原则、滚雪球般的证据以及无情的责任认定，都基于判定是非对错的前提性预设。

我们也经常落入非此即彼的思维圈套，你可能也难以幸免。不过，如果我们不再简单地断言自己是对的、对方是错的，多花些时间考虑更多的可能性，结果会怎样呢？假如罗宾和帕特能够意识到家长形形色色、家长需求各有不同、家长工作需要因人而异，教师要有方法充足的工具箱，要保持灵活的多元视角等，那么他们俩的合作肯定大为改观，而且定能从中受益。

不过，倘若他们不过是偶尔出点差错，是否仍会造成可怕的后果？当然不会。在日常生活中，这类磕磕碰碰的事情在所难免，它们不过是人性的瑕疵，绝非道德的沦丧。

探讨双方是否都有"正确"的可能性

我们经常会遇到超级棒的幼儿园教师，可冲突中的他们一而再，再而三地逆来顺受，忽视自身看法、感受和能动性。他们的这些做法根本不是在解决冲突，而是屈服于冲突！本书第七章将详细讨论如何展开冲突中的对话，包括明确自己的立场和讲好自己的故事。也正是在这个意义上，冲突双方都有可能"正确"。

还是拿帕特他们的故事为例。作为共享的现实情境，罗宾或帕特的故事视角都有合情合理的一面。帕特的故事作为帕特对自己与罗宾在一起时所发生事情的诠释，与罗宾一样，帕特在叙述时，自身的立场和视角都相当清晰和完整。我们设计本次练习，其中一个关键点就是要让大家认识到，面对冲突时，冲突双方往往会带着各自明确的价值观、内心的承诺以及自认为正当的意图卷入其中，并且，每个人都在尽自己的最大努力试图解决问题。

正是对这份觉察的信任，我们成为冲突对话中迂回方法的忠实拥护者。当你带着关切和谦逊之心倾听、重复并认可对方叙述的故事时，你会意识到，对方和你一样，初衷是想做好面前的复杂工作，他们的想法与你的一样具有合理性，由此，你就把握住了将冲突转化为建立联结和共同成长的好机会。

> 当你带着关切和谦逊之心倾听、重复并认可对方叙述的故事时，你会意识到，对方和你一样，初衷是想做好面前的复杂工作。

多想想你所不知道的事情

不知道你是否留意到,罗宾和帕特曾如此频繁地透过冲突表面并基于一系列有缺陷的假设来建构意义、评估价值以及人际关系?例如,"盯着天花板看"表明缺乏兴趣,"解释表格中的内容"表明不尊重他人。确实,人们一旦陷入冲突,就特别擅长吹毛求疵,在细微之处构建意义,进而累积成自圆其说的证据。

请试着换个角度想想看。如果罗宾和帕特并不是那么急匆匆地对行为背后的意义、价值观和人际关系加以判定,而是抱持着不确定且好奇的态度看待它们,结果可能会怎样?我们深信存在一种"不知道",它的力量非常强大,这就是"善意的无知",它可以通过改变冲突中的个人态度来产生巨大的影响。不过,一个悖论在于:"不知道"也可能成为某种确定的知道。

我们一起来看看到底是怎么回事。在冲突中,大脑肯定会对自己的固有信念做出强有力的维护。正如本书第三章中曾提到的,冲突中,为了有效地自我辩护,大脑会把行为、言语以及背景等碎片拼接成一个具有很强的说服力的故事。当我们这么做时,我们不单坚信自己绝对了解对方,而且因为这么做而觉得自我很强大。

然而,这种强大实际上不过是一种虚幻且微不足道的力量。它除了强化你的自身偏见,不会带给你任何额外的信息;它令你闭塞视听,故步自封。它就像一张破旧的老唱片,在冲突中不断重复着你在冲突伊始就已形成的认知和理解,而这些个人看法明显存在着不足,具有局限性。

"不知道"本身就是一种知识来源。一旦你意识到你所信服的个人故事存在着局限性,你就会开启更多的可能性,看见更多元的立场,获得更多的领悟。一旦你放下"自证清白"这一微不足道的力量,反倒可能获得拓展眼界的更大力量,领会到"不知道"的奇妙!

指出权力、偏见和特权

多年来,我们还曾在工作坊中聚焦园长角色展开一系列的精彩讨论。在帕特面前,园长是一个高高在上的权威人物。帕特对园长缺乏信任感,也不愿意向园长靠拢。鉴于帕特工作的目的是服务自己所生活的社区，因此，帕特对园长缺乏信任感和认同感，这实际上削弱了帕特的工作影响力。当冲突破坏了协同工作所需的人际关系时，帕特退缩了，没有进一步参与其中，因为在自己最需要支持的时候没有感受到被支持。

那么罗宾与园长的关系又怎样呢？看来罗宾并没有意识到自己与园长之间有一种舒服且彼此信任的关系，也没有意识到帕特与园长之间不存在这种关系，所以这不仅可以解释罗宾会毫不犹豫地把帕特与园长之间短暂的微笑互动解释为帕特认为的"很好"，还可以表明，园长让罗宾感到安全和自信，这又与帕特完全不同。

当然，罗宾对权力和特权不敏感，并不意味着冲突中就不存在权力和特权，请你们认真地再次审视该案例中有些混乱的监管关系及其权力影响。假如你就是一个监管者，对此加以练习就更有必要，因为当你的下属与你发生冲突时，你的身份肯定会是关键因素。就好像你与上司发生冲突时，你真的会无视上司的身份和权力吗？

为了更好地聚焦冲突中的个人假设及其影响，我们精心设计了本案例中的相关因素，比如人名"罗宾"和"帕特"是中性的，把两个角色共同经历的一系列具体事件作为叙事重点，两人大相径庭的实际体验以及各自文化、语言、人口统计学因素等以不同方式对他们各自立场所产生的不同影响等。因此，虽然冲突中的每个细节都很重要，但是原因可能多种多样、各不相同。

解读自己的假设和偏见

请对案例中吸引你的部分进一步展开深入探究。对于罗宾的性别、年龄、种族、语言、文化、教育、经验或能力，你有哪些假设？帕特呢？你会假设他们在这些方面与你一样，还是会假设与你不同？哪些具体细节可以支持你做出上述假设？

现在请你做个思想实验。请回顾帕特和罗宾的冲突，如果将其性别、教育水平或种族加以改变，将会发生什么？它会促使你改变对冲突的看法吗？

再一次回顾帕特和罗宾的冲突故事，如果将其语言、年龄或能力等特征加以改变，又会发生什么？你对冲突的看法是否还会随之改变？

也许，你对本案例的最初分析中就包含着与你自身身份相符的很多假设。一旦你发现自己同意罗宾的观点，认为帕特有错，这就表明你的假设中存在着偏见，不仅涉及与个人看法有关的偏见，也涉及与结构性特权以及不平等相关联的群体偏见。这些偏见对每一个职场人而言都极其重要，它们会影响工作环境，是导致绝大多数工作冲突的关键因素。

例如，我们从实践工作中了解到，当前工作冲突中被制度化的种族主义往往是个焦点，白人的文化规范为制度价值、行为期望和沟通方式提供了基础。假设罗宾和园长都是拥有学士学位的中年白人，而帕特是一名尚未完成副学士学位的年轻拉丁裔女性，发生冲突时他们该怎么办？这些变化是否会改变你对冲突的看法？

> 建议阅读全美幼教协会《促进幼儿教育公平立场声明》（Advancing Equity in Early Childhood Education Position Statement）中更多关于偏见和反种族主义的信息。

请务必对这些问题进行探讨。你不仅需要重新检视自己关于罗宾、帕特和故事中其他人的既有假设，还要进一步考虑更多的可能性。那么，哪些地方会暴露你的个人偏见呢？建议阅读全美幼教协会《促进幼儿教育公平立场声明》（Advancing Equity in Early Childhood Education Position Statement）中更多关于偏见和反种族主义的信息。

记住，身份有黏性，即使不是"你的"身份

在阅读第一个故事的时候，你是否发现自己更支持罗宾对帕特的批评？当你最初读到帕特的故事时，你是否有点抗拒让自己换成这个新角度来重新看待事情？通过他们各自或双方的故事，你能否发现与自己身份相关联的那些地方？

在工作坊中，我们对参与者在角色扮演时的投入状况始终很惊讶。当他们开始讨论时，我们在全场走动，有时会听到他们爆发出无法抑制的笑声，或者诸如"我真不敢相信你会这样对我""你以为你是谁？""哦，拜托，你不是这么做的"，讨论现场真是太有意思了！参与者们提及自己和伙伴时，就好像化身为他们所扮演的角色，从而说出很多与其现实冲突关联的人或事，

工作坊的魅力和奥秘就深藏其间。

寻找并倾听那些被忽略的沉默者

在本章快要结束时，我们慎重地改用发人深省的严肃语气来加以阐述。

这些年来，罗宾和帕特的案例总会引发参与者们的热烈讨论，每当讨论行将结束时，我们总会提出一个相同的问题："在你们刚才的角色扮演中，凡是涉及该情境中的家长或儿童并有所讨论的老师，请举手。"

每次工作坊的参加人数都高达数百人，但每次举起来的手都没有超过三只。对此情形，我们早已见怪不怪了。但是，工作坊的参与者们都会非常震惊。

凡是选择从事幼儿教育工作的人，其目的大都不为社会声望或高薪。但是，人们对于教师们的职业认可度以及实际薪酬情况普遍认识不足，这是有据可查的。当然，我们和罗宾、帕特一样，工作旨在服务儿童及其家庭，应对冲突是我们工作中的分内之事。如果不学习冲突解决技能，那么冲突可能会导致你无视并压制你本想为之服务的人们。

日常生活中，或者说就在当下，学以致用远比在工作坊中进行模拟练习更加困难。因为我们几乎无法与冲突保持一定的距离，更没有机会就案例文本进行交流，从而表达出自己真实的想法。不过，正像本章开头所表明的那样，通过角色扮演所体验到的情绪情感，将有助于我们强化前几章中提及的相关学习经验。

罗宾和帕特制造的混乱为我们留下了许多宝贵的线索，它们将帮助我们更好地学会应对冲突。不过，案例中没有涉及的应对策略，如在冲突中的自我觉察、在小事上合作并建立信任关系，以及花时间理解他人的观点等，我们将在接下来的章节中加以讨论。

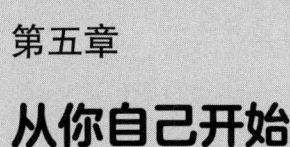

第五章
从你自己开始

为了更好地帮助你迈出冲突中缓慢而从容的第一步,我们先快速回顾前几章的内容。同时,为了有助于你更好地观察自我,本章专门设置了一些反思任务。毕竟,在冲突中,你唯一有希望用技能管理的自我是你自己,这需要持续终身。

关于做好准备的几点提示

缓慢而稳健是真正的前行之道,请你花些时间好好阅读接下来的每一节内容,如果所读内容令你感到困惑或有些棘手,你可以停下来想一想。为此,本章每节内容后面都专门为你准备了一两个反思问题,你随时可以拿起笔写下自己的回答,或者拿起电话和朋友讨论,待感觉好些后再继续读下去。

记住:冲突是机遇

还记得我们在引言中所分享的来自斯通等人的那段话吗?他们说:"通过建设性方式处理棘手的话题和应对尴尬的处境,可以加强人际关系。这是一个不容错过的好机会。"

冲突暴露出我们及对方身上在通常情况下难以被看到的一些东西,这些东西足以表明彼此之间脆弱的关系结构以及边界。这一点既有可能让人泄气,也有可能给人力量,其最终影响取决于在面对冲突中的棘手话题和尴尬局面时的实际态度和行动。

问题就出在这里，对不对？与很多生活情境类似，要想让冲突真正成为一个机会，你首先必须相信它是一个机会。如果你带着固有的证实偏见进入冲突，那么你只会得到被大脑误导的自欺欺人的满足感，原本困扰你的问题会一直持续下去，于事无补。既然这样，你何必费心卷入冲突呢？不过，一旦你决意心怀感恩地面对冲突中的尴尬和困窘，你就会赢得一个加强你和冲突对方联系的大好机会。真的，就这么简单，你若不试试就太可惜了。

请你多想想这样做的好处吧。现在，你很有可能正在小心翼翼地和对方周旋，哪怕最细微的往来都让你觉得相当为难；也有可能，你正怒气冲冲地回避着对方，哪怕以牺牲工作表现为代价也在所不惜。当你无法把冲突看作机会时，你就在给自己创设一个不太友好的现实工作环境。

请仔细想想。如果你正受困于冲突的责难心理，你就不可能认为自己是制造问题的那个人，也不可能想到自己正在逃避问题，这是违反直觉的事情。不过，真相其实相当简单，在大多数情况下，你就是那个正经历着冲突且冲突正干扰着你工作的当事人。无论对方的感觉如何，甚至对方很有可能对你们之间的冲突几乎没有什么感觉，但你的感觉很有可能相当糟糕。

据我们所知，冲突带来的干扰会渗透到你所做的所有事情中。你如果情绪失调，就会相应地创造出一个失调的环境，不知不觉间你的冲突反应会扩散到整个工作环境中。更重要的问题是，教育机构中有害的人际关系和工作环境必然会给身处其间的儿童及其家庭带来伤害。

> 你需要和对方一起把冲突当成改善关系的机会，从而直接带给你所服务的人们积极的影响。

因此，请你务必转换思考和看待冲突的方式。你需要和对方一起把冲突当成改善关系的机会，从而直接带给你所服务的人们积极的影响。

- 请对你自身的冲突经历进行反思，你觉得哪些经历是学习机会？哪些经历无法让你产生这样的感觉？请分别写出两三个例子并对它们的异同点进行比较。
- 现在，把注意力放在那些你感觉不像机会的经历上。你发现的相似之处如何帮助你改变思维？还要思考：它们是否可以直接带给儿童及其家庭积极的影响？

记住：耐心是一种美德（也是一种实际投资）

陷入冲突时，我们的每一根神经似乎都在敦促着我们，要我们全力以赴。所以，本书处处强调"耐心"。确实，穿越冲突之旅需要付出大量的耐心。

这一切由我们生而为人的神经学和神经化学使然。所以，花时间暂停一下，深呼吸并采取反思等具体行动时，使我们能够做出回应性参与的那部分身体系统将会被激活。冲突中，我们的最初假设、态度和观点具有很大的局限性和危险性。花时间质疑这些局限，会帮助我们解析固有的假设、缓解强硬的态度，同时拓宽看问题的视野。另外，我们所讲述的冲突故事看上去总是那般不容置疑、无懈可击，因此更有必要多花些时间去询问对方，倾听对方的故事。这样做才是应对冲突的唯一机会。

值得注意的是，耐心和大多数美德一样，当你真的需要耐心时，它会让人产生一种不太像美德的拖延感，不止你有这样的感觉。因此，我们在此提出一个需要耐心的额外理由，即耐心是一项极好的投资，这是一个看似不那么道德但是更加实用的理由。我们曾多次目睹热心的人们硬着头皮、笨手笨脚又心急火燎地卷入冲突，结果把事情弄得更糟糕，那些耐心不足的一厢情愿成为冲突出路中的新障碍。

在我们的幼儿园中，当教师与家长发生冲突时，我们总会遇到上述这种情况。某位教师来到我们的办公室，她完全被怒气冲冲地来园又满腹牢骚地离去的家长们弄得晕头转向。当然，很多时候过错并不在教师，而是教室里其他人的行为引发了上述冲突，他们需要去解决问题。但是，每当这时，并没有人真正在意家长的兴趣或感受，家长只被看作一个个有待解决的问题。一旦有人被当成有待解决的问题，糟糕的事情只会变得更糟糕，这是必然的结局。

多年来，我们在这种时候已经不再把耐心只当作道德原则，而是将其作为实际投资来加以运用。毕竟，家长和教师之间三四分钟的交流时间确实太短了，根本无法解决问题，更谈不上有效地解决问题了。可是，正是在这类实际问题中，潜隐着应对冲突的真正智慧，它将揭示出一个绝佳的投资机会。

教师们通常认为，上述情况所体现的是信任不足问题。在他们看来，家长显然不信任他们、不信任同事们、不信任幼儿园。我们认为，这几乎总是完全不对的。

在冲突中，只需要多花一点时间，你就会发现事情远比这复杂多了。很多时候，当家长们忐忑不安地面对艰难的话题时，他们倾向于更加信任教师。毕竟，是他们冒着真正的大风险：他们每天把孩子托付给你，而且是很长的时间。这时，教师以耐心且明确的方式先对此表达感激之情，无疑是激活家长信任的明智之举。

实际行动出奇的简单。一旦我们对家长说"谢谢您的提醒。我相信，这么做确实不容易"，冲突的形势就会开始发生逆转。转瞬之间，愤怒的家长开始意识到你是想与他及其家人建立积极的关系，你的话肯定了他们迫切希望维持的信任，从而减少他们的愤怒。

我们经常告诉家长："我不确定这里发生了什么，但如果你能给我一天时间，我会确保我们中至少有一人会和你坐下来一起想办法，以此重新赢得你的信任。"就是这样，发生冲突时，你只需要多一点冷静的耐心，便可以把看似紧急的要求一下子放到一段持续性关系的广泛背景之中，而这段关系的维系需要时间，需要双方共同重视。

与其匆匆忙忙地进行3分钟的交流，不如耐心地开展相对简短的对话。可见，耐心可以为你省去陷于紧急而被动的境遇中的数十小时，它不仅仅是一种美德，更是理性的经济学！

- 冲突中的你何时最有耐心？何时最缺乏耐心？
- 这些不同的情况存在哪些共同点？
- 请结合先前关于愤怒的家长的案例进行思考，为了变得有耐心、建立信任关系或是重建信任关系，你有哪些想法？

记住冲突的核心原则

本书引言提出了要求大家阅读全书时始终牢记在心的六项核心原则，它们以多种形式在前面几章中出现。不过，在学习冲突谈判阶段的相关内容时，这些原则仍然必不可少。

冲突是自然的、正常的且深刻的人性

阅读至此,希望你已经接受了下面这个令人高兴的基本事实:你卷入了冲突,但这不能说明你是一个可怕的人、差劲的人,或者干脆就是一个"坏蛋"。无论你卷入何种冲突,只能表明你是一个人。作为人类的一分子,你和其他人一样,正跌跌撞撞地行进在穿越冲突之旅中。

> 你卷入了冲突,但这不能说明你是一个可怕的人、差劲的人,或者干脆就是一个"坏蛋"。无论你卷入何种冲突,只能表明你是一个人。作为人类的一分子,你和其他人一样,正跌跌撞撞地行进在穿越冲突之旅中。

坦率地说,这其实是一条充满荣耀的路。卷入冲突,意味着你将要面对的人、环境及世界并不符合你的既有预设和内心渴望,你需要直面人类生存的旋涡和变化,这就是人类生存和发展的"现实"。

冲突就是工作,而非来自工作的干扰

合作是幼儿教育工作的核心。实际上,我们相信,地球上所有工作概莫例外,正是各种各样的合作关系构成了幼儿学习经验得以创生的环境。在此之中,安全依恋以及值得信赖的照料者是幼儿经验形成的支架。现有的教育机构中,照料者多种多样,不只限于特定的文化、语言、世界观或信念之中。

冲突根植于人性。那些各种各样需要合作的经历经常容易引发冲突。人类永远无法做到一劳永逸地解决所有冲突,所以需要从每一次冲突经历中吸取经验和教训。另外,如果儿童生活在回避冲突的成年人身边,他们也将变得封闭起来,所以成年人需要直面冲突、言传身教,为儿童做好应对冲突的榜样。

对幼儿教育工作者来说,发生在幼儿教育工作环境中的冲突并不是来自工作的干扰,也不是工作中的障碍或与工作脱节的意外事故。相反,冲突就是工作的一部分,应对冲突就是工作。此刻,如果你正独自阅读本书,那么建议你把上司和同事都看作应对冲突的资源。

冲突是工作的一部分,这就是基本立场,无论是儿童还是成年人,教师还是管理者,都需要采取这个立场来看待冲突。

冲突几乎总是相互的

每隔一段时间,我们就会遇到一次人际冲突,一次看上去确实是单方面

造成的冲突——有一个藐视一切的"害群之马"。比如，绝大多数教师都冷静地应对某次家长冲突，可就是有这么个园长，他坚持认为这是场阴谋，具有破坏性，他始终不依不饶；或者，有那么个家庭工作部门的员工，他始终拒绝和社区中的有些人开展合作。

这些冲突与其说是人际冲突，不如说是人事难题，由人力资源部门或主管领导来处理更合适。现实生活中当然存在这类冲突，不过其实并不多见。

我们工作中遇到的绝大多数冲突都是与双方关联的冲突。每当听到有人抨击同事时，我们总会向他指明这一点，并且进一步询问批评者，他本人的哪些做法是否也有可能促成冲突。每当这时，不少人往往会草率地敷衍说"好吧，是的，我想我做了，但是……"。我们会及时让他们暂停一下，就此再多想一想。是的，在你进入"但是"之前，"是的，我想我做了"这句话里有太多值得探究、需要学习的东西！

即使某次特定的冲突，确实完全不是你的错，但你仍需要了解和学习很多东西。比如：对于这个单方面事件，你的反应如何？你有哪些假设和想法？为什么你会卷入冲突却又宣称它与你无关？这些都值得我们花时间琢磨。

有人说有冲突，就真的有冲突

上一节内容其实还意味着"有人说有冲突，就真的有冲突"，这可以形象地解读为"谁？我？不！"。日常生活中，每隔一段时间，你可能就会在不知情的情况下制造出一个麻烦来，而当你真正意识到这一点时，你才发现自己在突然之间已经遭遇了麻烦，但你同时还得担负麻烦制造者的责任。

这就是为什么我们会说"有人说有冲突，就真的有冲突"。如果没有出现别的原因或状况，一旦你意识到有冲突，足以表明你和其他人存在重大分歧。是时候接受下面这个现实了：你的感知是有限的，有限的感知影响着你所处的实际环境。神经科学以及相关心理学提示我们，日常生活中总会出现这类情况。你当然不例外，对不对？

当你运用"谁？我？不！"这一逻辑分析时，请你记住责备和贡献之间的界限。承认你以某种方式促成了冲突，并不意味着你就得屈服于自我苛责，不要简单化。正如前面几个原则所表明的那样，事情不会如此简单。

冲突靠非输即赢和非对即错的思维方式得以持续

冲突不是竞争。不幸的是，你的神经化学反应和防御心理等因素会努力地让你相信事实并非如此。我们不是律师，也不是辩论队教练，面对冲突，我们无意于让你去打败对方，而是希望你能在冲突中找到自己的出路。只有这样，你才能拥有更好的工作环境、更牢靠的人际关系、更有安全感的自我，以及拥有更具爱心和同情心的世界。

> 希望你能在冲突中找到自己的出路。只有这样，你才能拥有更好的工作环境、更牢靠的人际关系、更有安全感的自我，以及拥有更具爱心和同情心的世界。

为此，你必须放弃你凭反应性做出的虚构诉讼及虚构竞争，放下非输即赢思维和非对即错思维。冲突中最顽固的，莫过于非对即错的思维方式。然而，它作为当前输赢文化中势力强大的一部分，每天都有越来越多的人热衷于它。

如果你正受困于非此即彼、非对即错的思维方式，建议你不妨试试下面这个思想实验，它摘自彼得·埃尔伯（Peter Elbow）的《无师自通的写作指南》（*Writing without Teachers*）一书，体会一下思维翻转的灵活性。

你总是对的，

你也总是错的。

你总是对的，因为对于你的感受和经历而言，没有人能真正做到感同身受。因此，你需要把以下看法当成某种信念来坚守：你的感知并非总是准确。但是，真正的准确性只能来自你更多地运用自己的感知、更好地倾听自己的感知……

同时，你也总是错的，因为你的看法永远不够精准、你的经验永远不够充分……你始终需要努力去了解他人更多的看法和经验，从而让自己变得更敏捷、更灵活、更精准。不要仅仅因为印象来自自己，就在自己的印象里故步自封（Elbow, 1998, p.106）。

冲突从未停止教导我们

冲突可以教会我们太多东西，是个不停地给，给，给的大礼包，也是一个复杂的、令人恼火的、让人筋疲力尽的大礼包。既然你永远不可能停止与冲突纠缠，那么为什么不当下就立定脚跟、下定决心，试着从这该死的事情中学到点什么呢?
- 对你而言,哪项原则是最显而易见的?
- 对冲突中的你而言,哪项原则更难坚持?为什么?

快速概览:应对冲突的核心原则

学习如何应对冲突时,首先需要理解关于冲突的核心原则。

冲突是自然的、正常的且深刻的人性

在平静的阅读时刻,这项原则看上去是显而易见的。冲突就是生活中很自然的组成部分,是社会互动中正常的组成部分,能激活我们最深层的人性。可是,当我们陷入冲突时,我们就不会有这种感觉。我们会感到被误解,一切都不对劲;平常的自我和技能已经消失,取而代之的是一系列笨拙而苛刻的想法和感受。这些想法和感受不能反映真实的我们,但也正是它们将我们与其他人联系在一起。

冲突就是工作,而非来自工作的干扰

多年来,几乎所有参加过我们工作坊的人都将冲突描述成阻碍他们做好真正工作的障碍。其实,冲突就是工作。据我们所知,很少有高等教育课程、幼儿教育机构和专业发展体系把成人冲突作为教师教育的核心内容。但我们不会把冲突看作工作的阻碍因素或分心因素,我们认为它就是工作本身,把它放在工作的首位和中心来对待。并且,我们相信,通常这就是最重要的工作。

冲突几乎总是相互的

冲突通常促使我们采取防御姿态,指责游戏因此开始。每当遇到冲突带来的问题时,我们会认为问题的根源在别处。很不幸,鉴于自我的特性,事情很少会这么简单。经验表明,大多数冲突都是相互作用共同造成的结果,也就是说,冲突中的每个人"都贡献出了自己的一分力量",尽管彼此都心怀善意,也试图在面临棘手的情况时做正确的事。因此,为了帮助你看清冲突中的自己,本书敦促你学着坦率地承认自己在混乱中的实际角色。事实证明,承认就是一种非常有效的冲突解决策略!

有人说有冲突,就真的有冲突

通常情况下,能引发关注的冲突似乎总是单方面的,至少对其中一方来说是这样。当此之时,受委屈的一方会倍感困扰、被冒犯、不受尊重或有着更糟糕的情况,另一方则可能根本没有看到问题所在。我们因此断言,一旦有人宣称某种情况是冲突,那么它就是冲突!如果无视另一个人的担忧,那么推动大多数幼儿教育工作中的成人之间的合作关系就根本不可能实现。因此,一旦有人喊"犯规",那么双方都应该高度重视,真诚地为解决问题付出努力。

冲突靠非输即赢和非对即错的思维方式得以持续

技巧娴熟地协商冲突,从来就不靠简单地判断是或否、难或易。但是,冲突就是通过非此即彼的思维方式得以维系的,这种思维方式就像使发动机运转的汽油,而且这汽油还经常会从油箱中喷溅出来,哪怕一粒火星就足以让汽车着火!因此,要学会更好地协商冲突,你需要学习穿越模糊的中间地带,对大多数人来说,这是一个真正的挑战。家庭、文化、教育甚至神经系统都致力于驱使我们陷入非此即彼的思维模式中。因此,本书指导你通过深入了解非此即彼的看法来尽量避开它们,以成功抵制这种思维模式。

理解你和他人关于冲突的定义

在本书第一章中,我们通过一些具体的情境帮助你审视自己的冲突定义以及其他因人而异的冲突定义。若想更轻松、巧妙地应对冲突,你需要两者兼顾。冲突中的你需要知己知彼,同时了解你和其他人对冲突的看法。

这通常是个挑战。但是,要有信心。毕竟,作为一名幼儿教育工作者,预测和解读人类通过言行举止透露出的实时社交提示是很重要的工作内容。你知道如何识别婴儿在何时感到疲惫、学龄前儿童之间何时正在酝酿冲突,你也清楚临近教育衔接阶段的孩子及其家庭何时需要支持。你对自身及他人反应的这类敏感、用心和专注，将有助于你快速有效地应对冲突中的棘手情况。

作为幼儿教育机构的负责人，我们经常在教师似乎"不对劲"的时候与他们取得联系，向他们进一步了解情况。比如：他们走进我们办公室的门时，那略微加快的步伐；他们停顿后再次展露的微笑；他们回避眼神进行交流。对此，受到关注的教师往往会惊讶地问："你怎么知道我现在很沮丧？"

我们可以肯定地告诉你，要让自己进入别人的紧张状态并在探索中主动帮助他人，通常是件不容易做好的事情，我们常常需要为此做出清楚的解释。这样做时，我们不是在"放大冲突"，相反，我们会试着通过"识别"与"联系"来帮助教师们澄清冲突中的经历和体验，结果我们真的做到了。行动中，如果还能辅之以轻微的身体接触，不介意有人缺席，并且诉诸相互理解，那么我们就能自如地与教师们建立相互信任的关系。

- 你对冲突的定义是什么？
- 它与你的同事对冲突的定义有何异同？

思考组织背景和文化背景

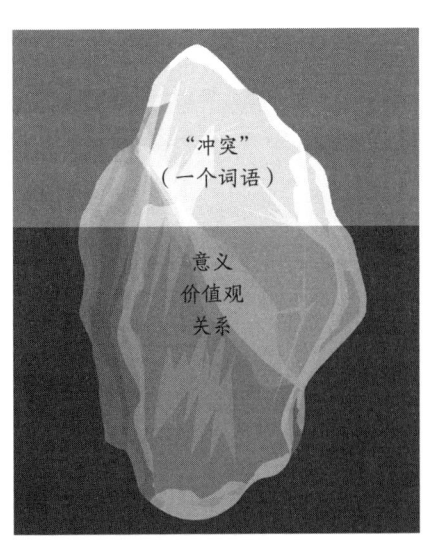

无论你多么聪明、敏锐或你的思想多么开放，冲突中将要发生的事情总比你刚开始所能感知到的多得多。你是否注意到，即使某个冲突看起来很小、很容易解决，一旦你开始探索就会发现其中包含越来越多的问题？是的，让我们回到发现冰山的阶段，找到隐藏在水面之下的意义、价值观与关系。

冲突中的每个人都会根据自己独特的生活经历带入一系列意义、价值观和关系。这些内容构成我们在任何情况下，特别是在冲突的情况下所做出反应的基础。与此同时,在工作场所,我们的经历处于带有意义、价值观和关系的特定的组织文化之中。我们需要了解这两套文化在工作中的相互作用——不仅要了解它们在我们具体定义事物的表面之上如何相互作用,而且要了解它们在表面之下如何相互作用。

> 冲突中的每个人都会根据自己独特的生活经历带入一系列意义、价值观和关系。这些内容构成我们在任何情况下,特别是在冲突的情况下所做出反应的基础。

在冲突中,是否存在另一座冰山?记得这么问问自己,这对于应对冲突而言将有所助益。是的,冲突中还有对方的那座冰山。冲突中的他们也带着自己的一整套意义、价值观和关系,它们在冲突中切实地发挥着作用。对此,你可能全部反对,也可能非常讨厌其中的某些部分。但是,你一旦能仔细地考虑这座冰山,就能更熟练、轻松地找到应对冲突的办法。

- 请画一座冰山。对你来说,水面之上有什么?水面之下呢?
- 请画第二座冰山。对与你共事的人而言,水面之上有什么?请空出水面之下的空间,以提醒自己为你不了解或不理解的他人的某些方面留出空间。

把分析黏性的细节当成写自传

本书中,我们运用了大量故事,关乎我们自己的故事、我们同事的故事,以及几个虚构人物的故事。故事中故意遍布细节,如保险杠上的贴纸、被撤掉的儿童艺术作品、某次和填表的家长的糟糕互动等。有些细节起初似乎毫无意义,有些细节则令人感到相当尴尬。

之所以在案例中添加各种细节,是因为我们发现它们就像尼龙搭扣末端的小卷曲,这些微妙的小钩子能疯狂地黏住很多原本并不重要的东西。对这些被黏住的东西加以密切关注,对于更好地了解冲突中的自己而言是关键。

细节相当重要。细节以一种特有的方式让你放慢脚步,避免进行笼统的指责,迫使你保持足够的耐心;还能打破你的既有假设;增补细微的差异,提供更多理解他人的方式。

细节是自传式的,一个有说服力的细节比任何其他人都更能说明你是谁。如果你足够勇敢,那些让你印象深刻的细节就相当于小钥匙,可以打开你喜欢上锁的柜子。为何你会对某个细节耿耿于怀？探究它就是了解自我的一种方式，从中你将会看到自己重视什么、对你有威胁的是什么，以及不管冲突如何，你都会卷入其中的是什么。

因此，请用细节来帮助你更好地了解自己。等时机成熟后，你就可以把这一做法应用到冲突中的对方身上。

- 对你来说，冲突中最令你感到棘手的细节有哪些？

不断在意图和影响之间转换

面对每一次冲突，你其实都带有预设和意图。突发状况之所以会让你吃惊，原因就在于你的预设和意图。面对他人挑起的冲突，其中一句不经意的评论、一项被遗忘的任务或一个你不知情的面部表情，都可能让你退缩，因为它们出乎你的意料。

当你的脑海里冒出"但我不是故意的！"这句再熟悉不过的话时，你就该知道，此时的自己正在"意图"的世界里兜兜转转。你的本意永远是重要的，但它并不是唯一重要的事情。

建议你好好把握脑中冒出这句话的那些时刻，它肯定是你的防御信号，而你的防御正把你逼进死胡同里。当此之时，请你反其道而行。你要明白，你的意图并非事情的全部。你可以问问自己：我的所作所为当然对自己有意义，但它对其他人意味着什么？

这样的反躬自问，正是经常被冲突中的人们忽略的那一线希望。当你探究的重点从行为意图转换到实际影响时，事实上你并不是在抹杀自己的意图，而当你向对方承认自身行为影响有别于意图时，对方将会像你一样看到他自身的意图与其实际行为的影响之间的差异。从而，冲突双方就在这样的对话瞬间拓展了原有对实际发生的事情及其成因的看法，为彼此进一步展开有效回应消除了诸多限制性障碍。

"影响"和"意图"之间的转换能够使冲突双方在保持自己观点的同时看到更多其他观点，这是一大关键策略，是我们手头现有的"法宝"。实践一再表明，仅仅做出这种简单的区分，就足以对冲突中的人们造成深远影响。哪怕是面对最棘手的冲突，结果也是如此。所以，请你坚持将冲突中的自我探究焦点从意图转换到影响，你将始终从中获益！

- 你在什么时候会受困于意图？
- 你在什么时候最难看到自己行为的影响？

承认关系破裂，承诺关系修复

这是上一个观点的延伸。所有的人际关系都有起伏。既然人无完人，那你肯定做过一些对他人有负面影响的事情。谁也无法避免。

承认你的行为有可能是导致关系破裂的影响因素，这一举动充满力量。它向另一个人发出了信号，表明你愿意面对你们现实的关系，而不是躲在什么都对的虚假快乐中；也为他们探索自己在关系破裂中所起的作用打开了一扇大门——几乎可以肯定双方都在其中。

承认关系破裂本身就是一种修复行为。有时，我们会遇到这样的人，他们被某个问题搅得心神不宁，以至于无法直面它——更

> 承认关系破裂本身就是一种修复行为。

无法想象还要去面对冲突中的另一个人。这时，承认行为所蕴含的神秘力量就发挥作用了——很简单，只是承认有问题存在，这一举动意味着摆脱问题、探索其他可能性。

你不需要所谓的即时解决方案、快速修复之类的东西。承认关系破裂本身就是最好的第一步，是你承诺修复关系的声明。事实上，这通常也是唯一可用的第一步。

- 你的哪些行为最有可能导致难以修复的关系破裂？

采取四种态度

我们经常发现，在工作坊中，我们讨论冲突的方式经常被参与者们说成是"不寻常的"。其实，我们所做的不过是尽可能认真专注地倾听和尊重他们的看法，就这么简单，但随后的一切因此发生了变化。

当讨论某个问题时,我们有时会自嘲说自己也曾在同样的问题上纠结探索,还没有找到现成的解决方案。有时,在谈话过程中,克里斯蒂娜会转向克里斯,对他说"啊哈,这就是你上周对我做过的事";克里斯也可能会转向克里斯蒂娜,问她:"你在幼儿园里一直力图解决类似的问题,那里的情况怎样?"

这些举动足以表明,我们不会把自己当作冲突研究领域的"万事通"。我们坚持不加评判的反思、谦逊的好奇、自嘲式的幽默以及接受不完美这四种基本态度,并用它们引导学员们进入一种全新的关系状态之中,这种关系与最初导致他们产生问题的关系截然不同。

只有通过努力和练习,我们才能真正培养出面对冲突时可以保持上述四种基本态度的意识和能力。现实生活中,我们所认识的绝大多数幼儿教育工作者都属于深思熟虑、兢兢业业的人,他们按照自己的价值观和原则慎重地做出职业选择。到目前为止,你作为幼儿教育工作者,基于自身精神追求、社区文化等可能已经形成个人观念系统,此中包括优雅、探究和开放等。从根本上说,它们与上述四种态度的立场是一致的。

既然如此,为什么在冲突中不试试这四种基本态度呢?

- 上述四种态度中,对你而言,哪一种最自然?哪一种最容易做到?
- 哪一种态度让你感觉尴尬、虚伪或可怕?

识别你的大脑状态

大脑是一个复杂的器官,虽然我们总是希望自己能够严格控制情绪、进行理性思考,但很多时候做不到。冲突中,为了确保大脑对安全感的需要,压力中分泌的激素会暂时搁置大脑的思维功能。

通常情况下,我们未对自己的大脑状态加以关注,更对大脑在学习状态、情绪状态和安全状态三者之间的转换未加留意。然而,面对冲突时,我们要尽己所能去觉察大脑的状态并加以反思,这很重要,也很有用。

诚然,在冲突中识别自己的大脑状态,其实是一项具有很高要求的认知行为。一旦你这么做,处于生存状态和情绪状态的大脑就会抵制你,它要确保将所有精力都投入到自身安全感的维护中。因此,日常生活中,关注大脑状态并养成习惯,可以让你在面临冲突时快速明确真实需求,调整大脑状态,进入理性思考。

生存状态:我安全吗?

战斗?逃跑?还是僵住不动?面对危险或高风险的这三类反应足以构成快速检核你大脑状态的表征。人类风险反应通常与生理性威胁有关,例如营地附近出现的熊或远处的龙卷风等。但是在当代的生活中,一方面很多危险并不像动画片中那样直接明了,另一方面人类也并不限于在面临即将砸落的砧板时才产生或战斗或逃跑或僵住不动的反应,高水平的压力激素足以控制大脑和身体,令我们做出类似的反应。

面对威胁性的冲突环境,你当然不必非得采取忍受的方式。改变环境或离开某个人,也许你的大脑和身体就足以获得所需的安全感。例如,当你和一个你还不太信任的同事发生了冲突,你被他推进了小隔间,孤立无援时,你肯定会出现惊恐反应。当此之时,"三十六计,走为上策",你要准确评估现实威胁,迅速采取行动,尽快跑到公共场合去,离开冲突情境;你还可以请出第三方来做你们之间的调解或中介,明确要求换个时间再来讨论冲突等。

日常生活中,上述情形并不常见。通常你可能只需要多留意一下自己的生理状态及其变化,确认自己正身处值得信赖的工作环境之中,相信自己拥有应对困境的支持系统,相信和你发生冲突的同事都以儿童利益优先。如果上述情形你认为都不符合,那是时候与上司就工作环境问题好好谈谈了。

对于压力状态下的生理反应,我们很难控制,这固然有些遗憾,但是我们可以通过觉察和反思来摆脱大脑带来的不安状态。

- 当你感到不安时,你的身体会有哪些反应?
- 在冲突情况下,你怎么知道自己是否安全?
- 为了帮助身体恢复平静,你可以采取哪些措施?

情绪状态:我是否被爱?

关于如何获得人身安全,很多方法其实都很简单,比如选择你感到安心舒适的空间、选择你信赖的人来协助调解冲突等。不过,众所周知,身处冲突情境中的人即使确保了人身安全,情绪情感上仍会产生有风险、不安全的感觉。

风险其实是人生的一部分。当发生冲突时,若想拥有情绪情感上的安全,唯一的解决办法就是彼此之间建立联系。而在冲突情境下要和对方建立联系,这本身就是风险之一。不过,请你记住,你要靠双方联结才可能摆脱你的大脑的情绪状态。对方也一样,他也只能依靠和你建立联系,才能摆脱他的大脑的情绪状态。

> 一旦你们彼此之间缺乏情感联系,你们就会一直深陷冲突、无法解决问题。所以,请勇敢地面对与对方建立联系的风险,同时像做游戏一样把握好边界。

难办吧?不过,冲突这道彩虹的尽头并不是完美的关系,你和他人建立联系、有所联结并不意味着你们成为最好的朋友。然而,一旦你们彼此之间缺乏情感联系,你们就会一直深陷冲突、无法解决问题。所以,请勇敢地面对与对方建立联系的风险,同时像做游戏一样把握好边界。

- 一旦陷入"我是否被爱"所导致的情绪状态,你的身体通常会有哪些反应?
- 哪些感受让你更容易说出口?
- 阻碍你承认他人感受的因素有哪些?

执行状态:我能学到什么?

我的身体安全吗?已确认。我的情感安全吗?已确认。

好,现在你的大脑已处于安全状态,可以重新进行理性的思考和交流了。那么,你们是否可以开始处理冲突中的具体细节,共同寻找解决方案了呢?

不一定。这里的关键点取决于冲突双方是否都已做好进阶准备。冲突及其解决不是你单方面的事情。尤其是当你处于情绪激烈状态时,你可能会有脆弱感,可能会急于求成,从而匆忙之中跳过了建立联系这一关键步骤。我们经常看到这样的情形一再发生。"太好了!我已做好准备去修复关系、解决问题,向前冲!冲!冲!"激情洋溢。可接下来呢?就在这一瞬间,你们兜了个圈子,又重回起点。

- 你怎样判断自己的大脑已从情绪状态进入执行状态，做好了准备？
- 你怎么知道对方是否也做好了准备？

区分行为表现和个人身份

每当听到诸如"我终于看清了她的真面目！"和"我就知道是这么回事！"此类的话时，我们都会默契地相视一笑。这些自信满满的宣言就好像在说：请注意，某人的证实偏好正在行动，在相当具体而危险的冲突中，正全力以赴地把某人的行为表现等同于个人身份。

作为幼儿教育工作者，我们早已深知这个等式所带来的风险。认为在教育过渡环节中挣扎的学龄前儿童"脾气暴躁"，把蹒跚学步的孩子对你说"不"当成"挑衅"，都是违反最基本的儿童发展观的做法。教师们都很清楚，幼儿教育领域中的儿童行为只是儿童的发展指标，不能用以判定他们到底是谁或做了什么，不能仅凭行为表现就做出"坏孩子""有毛病"或是诸如此类更糟糕的判定。

在冲突中，你的大脑也要如此对待对方，某人令你感到恼火、麻烦或沮丧，但你需要将其行为表现与他本人做出区分，行为不等于行为者，冲突中更是如此。如果你无法做到这一点，你将很难真正解决冲突。

- 对方的哪些实际行为足以让你确认你对自己及这个人的假设？
- 对方先前和当下的哪些行为表现有可能改变你的证实偏好？
- 对方身上有没有可能存在一些值得你感恩的地方？

识别权力、偏见和特权

与权力、偏见和特权有关的因素总是社会互动的一部分，因此也是冲突的一部分，这是无法回避的事实。它们可能以相当微妙的方式存在和表现，特别是对特定权力关系

> 与权力、偏见和特权有关的因素总是社会互动的一部分，因此也是冲突的一部分。

中的特权人物而言，更是如此。不过，不管如何微妙，权力、偏见和特权等

因素的影响却丝毫不减，更不会因为你对它们的一无所知而有所改变。

从对方行为中找出权力等因素，是一件很有吸引力的事情，通常让人跃跃欲试。不过，请保持谦逊，从自查开始吧。请你仔细审视自己在权力运行中的位置，认真思考这些因素给你带来的影响。这么做不但可以拓展你的思维，而且能够在实际行动时为你们之间的差异留出更多空间。

几乎所有的人类活动领域都存在着权力运行机制，比如种族领域和性别领域，又比如残疾歧视和民族优越感等。在教育领域，权力运行机制通常与个人职位、员工任期和人际关系（实际的或认为的关系状况）等有关。如果你清楚自己的实际权力及其影响，冲突中的你将会更好地避开操纵权力或不公正地使用权力的情况。如果冲突对方也很清楚这一点，你们之间的冲突关系将会因此好转。

- 冲突中，你认为自己拥有哪些对方所没有的权力？
- 冲突中，你实际拥有哪些对方所没有的权力？
- 哪些偏见可能会影响你更好地倾听和理解对方？

激活专注于自我观察的专业自我

这是内容回顾的最后一部分，但你完全可以把它看作本书的副标题！冲突中，至关重要的一步就是后退一步，允许专业自我开展自我观察和反思。保持耐心，暂停一下，跳出局外看看自己曾置身何处？现在又身处何方？想去哪里？怎样抵达理想的终点？倘若冲突中这部分的自我缺席，未能进行自我观察和反思，我们很有可能会在冲突中迷失方向。

选用"自我观察""专业自我"这样的词语来表述这一条建议，是为了突出它们的重要性。你无法指望自我觉察任何时候都会有求必应，在你需要时立马就会出现。你也不能指望专业自我一遇到冲突就可以站出来，立马发挥作用。相反，你必须激活专注于自我观察的专业自我，让它进入工作状态；你需要做出决定，让它明白何时启动。

- 在哪些冲突情况下，你可以做到后退一步，观察自己？
- 什么时候最难激活专业自我，进行自我观察？

个人的四项准备任务

你在回答上面的问题时,是否感到轻松、有自信?能否诚实作答?如果是的话,接下来的这四项个人任务其实就是直接明了、毫不含糊的。如果不是,面对这四项任务,你可能会心生困惑或有所畏惧。请你重新回顾先前的内容,看看能否找到相关线索。

接下来的学习中,如果你能结合某个实际冲突具体展开,效果将会更好。现在,请你试着找一找过去或当下正在发生的冲突。如果找不出,也没关系。

个人任务1:检视你的目的

当我们询问工作坊的参与者们"为什么你想要解决这个冲突?"时,我们所看到的反应通常都是一脸惊讶。对我们来说,这个问题简直太简单了。毕竟,他们花了大把时间来参加工作坊就是为了让我们帮助他们。

之所以这个问题会让不少人摸不着头脑,我们的猜测是,这些人很有可能从来就没有这么问过自己;或者他们曾自问过但并不知道该如何回答,结果不了了之。确实,他们迫切地想要解决冲突,但是不知从何处着手。

冲突中,人人都可能遭遇这种茫然时刻,我们和你也不例外。茫然是大脑不在最佳状态、无法回答问题的表现,实际上这是件好事情。冲突中有些感觉急迫却难以言表,说明大脑不在执行状态,无法找到合适的语言进行表达。这时,可以后退一步,暂停一下,做几次深呼吸,再问问自己:"为什么我想要解决这个冲突?"

你做好准备和我们一起开始反思、学习了吗?做好准备,再来一次。你究竟为什么想要解决这个冲突?你希望达到什么目的?你追求什么结果?

请开启你对自我的观察,你的大脑可能会冒出下面这样的回答。

- 是时候有人站出来反对这个"浑蛋"了。
- 你和他们已经玩完了,他们需要知道这一点。
- 他们总能如愿以偿,但这次不行!
- 你是对的,他们必须明白他们错了。

- 这种无稽之谈必须彻底停止！

胜利、正确、胜出、公正……我们可以想象人群为我们而欢呼！对此，历经冲突的我们心照不宣。这就是我们大多数时候解决冲突的起点，人类大脑的其他生理条件生来就是为了这类想法而努力的，但它只是冲突中找到自身目的的一个起点，而不是终点。

对自我进行观察，有时你会看到一些糟糕的东西，对不对？这表明是时候激活专注于自我观察的专业自我了。

请对照下列内容再次审视你与对方在工作中所发生的事情。

- 你和对方的关系并没有如你所愿，你想改变这种状况。
- 由于某种原因，对方让你很不爽，你希望通过合作来解决这个问题。
- 有时，你觉得对方并不是真正的尊重你，这不对劲，你需要找到原因。
- 你很确定，只要你试试，你们就能找到有效的合作途径。
- 出现一些复杂情况，你们需要弄明白到底是怎么回事。
- 你们经常给对方添麻烦，需要共享一些成功的时刻。

持有以上观点的人，似乎是很想把工作做得更好的人。他们认为事情不太对劲，稍加注意，多点关心就好。他们知道自己是人，别人也是人，所以相互理解就好……听起来确实很专业。

当你知道自己通过解决冲突想要实现的目标时，你解决冲突的可能性就越大，最终收获也不止于冲突得以解决。好的目标具有以下特质。

它们是学习目标。你把谦逊的好奇态度置于首要的中心位置。你知道有事情正在发生，可你还不清楚到底发生了什么，你会弄清楚的。

它们具有合作性。你知道，无论"这"是什么，你都无法独自完成。你已经独自琢磨了一段时间，却不断遇到只有冲突中的对方才能回答的问题。

它们具有长期性。当然，你是想解决一个具体的问题，或扭转一种局面，但你意识到自己的短期愿望像个创可贴，不足以解决冲突中更大的问题。这意味着，你只是迈出了第一步，远没有抵达终点。

它们以关系为基础。说到底，你想与同事建立一种相互尊重、友好的关

系。同事们当然有时会让你抓狂，而你也同样有时会让他们抓狂。你希望这些只是例外，并非你们工作的常态。你想要更健康的同事关系，以及由此而来的更健康的工作环境。

为了明确目的，请你花点时间思考一下这个场景：冲突发生后六个月，你与对方再次相遇，一切都变了。

- 发生了什么？
- 你做了什么？
- 对方做了什么？
- 你感觉如何？
- 你对对方的感觉如何？对你的同事呢？对你所服务的儿童和家庭呢？

现在，请你再看一遍上面的目标特质。请将它与你所处的情况相比照，写下你想要实现的目标及相关想法。

个人任务2：确立你的身份

冲突中的身份相当重要。虽然它可能徘徊在冲突表面之下，隐而不显，但它对我们的表现影响很大。事实上，也许它是让我们卷入冲突的真正原因，而且，之所以要开展冲突后的艰难对话，也正是为了捍卫我们的身份或立场。

> 之所以要开展冲突后的艰难对话，也正是为了捍卫我们的身份或立场。

请你想象这样一个场景：你发现同事一直在跟其他人抱怨，说你周五提前下班。你当然有充分的理由，周五你需要提前下班去接孩子，而且你已经向相关人员明确传达了这一信息，做好了交接班准备。但是，当你听到其他人背后议论你时，你觉得这种情况是对你诚信的挑战，也是对你为人父母的责任感的质疑。

在这场冲突中，你的身份如何？你可以这么询问自己：在冲突中，你将可能失去什么？同事的尊重？可靠的同事身份？为人父母的信心？如果不考虑自己的身份，这场冲突又意味着什么？

现在，请你结合你曾写下的具体冲突情境思考以下问题：

- 你感觉自己身份的哪些方面比较脆弱、容易受到攻击？
- 你受到尊重或不被尊重的主要因素有哪些？
- 一方面是合理的冒险和不适，另一方面是危险的冒失和痛苦，其界限是什么？

请采用以下步骤来强化你的身份。

说出与你身份相关的因素，并加以确认。冲突中，哪些因素与你的性格或你如何看待自己有关？哪些地方显示出你的身份？当你再一次面临冲突时，请你留意这些重要且影响极大的因素。

照顾好自己。收集他人对自己的肯定，让自己变得更强大；反思自己的核心价值观和信仰；明确说出自己的优势和积极的工作贡献。请记住，大脑有不同的状态，学会给自己一些放松的时间，深呼吸，平稳度过大脑的生存状态和情绪状态。

依靠自己人。当你准备和冲突对方进行接触时，请联系你的团队并让他们帮助你。请记住，和你信任的、熟悉的人在一起，是为了解决冲突，而不是说闲话。这是很好的行为策略，有助于你进一步探索你在关系中的实际身份。请不要选择与这场冲突相关的人，以免加剧工作环境中的紧张气氛、制造于事无补的额外麻烦。

- 列出第一份清单：冲突中，你可以依靠哪些人？他们是否了解你？他们能否在倾听时保持公正？
- 列出第二份清单：在充满挑战的环境中，你怎样才能感受到被肯定？

个人任务3：了解你的情绪风险

阅读本书及做相关练习时，我们、冲突中的对方以及你自己曾在哪些方面让你感到愤怒、沮丧或恼火？请试着找找看，以此帮助自己找到控制自身情绪的"按钮"。

当对这些"按钮"有所了解后，接下来你需要设置自我保护边界。冲突不是受虐，不要让自己易被攻击。对于冲突中需要保护什么、如何保护等，你要心里有数。

- 列出你可以接受的那些挫折和烦恼。
- 列出对你的假设和个人偏见有意义的挑战。
- 列出你在讨论时不会接受的事情。

个人任务 4：拥有自己的故事并做好扩展准备

在从事幼儿教育工作的几十年里，我们曾遇到很多优秀的、富有爱心的幼儿教育工作者，他们始终致力于支持儿童及其家庭，确实就是我们最愿意合作的人。

不过，一旦面临冲突，这些教师的某些职业特质也可能是高风险因素。

刚开始举办工作坊时，我们的工具箱里还没有第四步。然而，当我们指导参与者完成确定自己的目标、明确自己的身份以及保护自己的情绪"按钮"这三步后，我们慢慢发现了一些问题。很多参与者都把这三步作为自己在冲突中隐身的处方，这令我们相当惊讶。由此一来，我们精心设计的会谈准备工作好像证实了他们习以为常的做法，那就是：要想解决冲突，最好的办法就是让自己消失不见，让自己的故事消失不见。但是，这么做的结果当然只会使双方关系越来越受到冲突的牵制，越来越难以解决冲突。

所以我们在工具箱里又专门设计了第四步，对很多人来说这一步都非常重要。冲突中，大家只有知己知彼且"一个都不能少"，才有可能真正解决问题。

希望冲突中的你要有自己的故事，而且不要将自己的故事搁置一旁；要花时间厘清自己的故事，找出有意义的重点和细节，确保你与他人分享自己的故事时，你的故事不仅表明了实际发生的事情，也表明了你的立场态度和诉求。事实上，在有效的冲突解决方案中，确定细节的含义至关重要。

请你始终记住写下自己的故事，你自己的故事很重要。与此同时，请记住自己的故事受制于你的视角，有局限。让我们一起重温彼得·埃尔伯的名言：你总是对的，你也总是错的。

请尽量客观地描述实际发生的事情。请仔细寻找判断、假设和概括中的漏洞,既要承认它们的合理性,也要承认它们的局限性。

到此为止,希望你已做好与对方再次接触的准备。总结一下,以下是你学到的四项准备任务:

1. 检视你的目的;
2. 确立你的身份;
3. 了解你的情绪风险;
4. 拥有自己的故事并做好扩展准备。

你已经有了自己的团队和自己的故事,你知道自己在做什么,你也明白自己不想讨论什么。但在你们进入深度讨论之前,你还需要和对方一起做些准备。

第六章

信任的建立与重建

冲突破坏信任。与本书中出现的其他很多观点一样,这个观点看上去显而易见,对不对?但是,区别于"界定冲突很重要""你也脱不了干系"等观点,"冲突破坏信任"这个观点值得你更多地关注。

日常工作中,我们很在意与同事建立信任关系,以此作为幼儿教育工作共同承诺的一部分。当然,有些信任关系基于员工招聘条件自然形成。随着时间的推移,同事之间的信任关系不断发展和增长,从而形成真正的团队文化。但是,冲突会通过动摇我们对既有关系中一致性和真实性的感知来破坏信任关系。冲突不单引发猜忌,也证实怀疑。

不论是私人关系还是工作关系,我们一旦感到彼此之间存在某种联结,就会由此衍生许多不言自明的推论。我们在对方身上看到自己的价值观以及彼此共同的价值观,假定大家的目标、看法和态度高度一致,关注相同的事情,共同识别并解决问题。我们不断地暗自保证,大家的意见基本是一致的。

但是,冲突挑战着关系中的推论,迫使人们彼此分离,扰动那些关于双方关系的自以为是的理解。这时,双方关系中的防御性代替了安全感,怀疑破坏着信心,失望嘲弄着关系之初萌发的朴素信念,而这些信念深植于善良、正直和尊重之中。

本章聚焦于关系中被冲突破坏的信任,第二阶段的冲突解决策略需要建立信任关系,并寻求遭到破坏之后的重建信任之道。此外,你还必须信任这个过程:你需要勇气和信心来实现这一切。

先来看看信任的构成吧。

信任 = 同理心 + 逻辑性 + 真实性

在哈佛商学院弗朗西丝·弗莱的研究中，我们可以看到这个简洁明了又充满力量的信任模型。在题为"如何建立（和重建）信任"[How to Build (and Rebuild) Trust]的演讲中，弗莱对同理心、逻辑性与真实性（Frei, 2018）这三个信任要素进行了精彩而又详细的阐释。让我们依次了解一下这三个要素。

第一个要素，即同理心。对大多数人来说，这个要素一目了然。同理心描述了个体通过关怀的联结来理解和共享他人的情感及想法的能力。这是一种感觉，通过这种感觉，他人理解我们，让我们觉得自己很重要。我们会通过点头、眼神交流和其他肢体动作来表达同理心；通过询问、重述和承认对方所说内容的迂回过程来实践同理心。这些身体动作、言语和行为有助于建立信任，也有助于重建信任。他人的同理心让我们产生安全感，相信对方真的理解我们。本章后面还有更多内容会继续讨论迂回这一应对冲突的绝佳策略。

作为信任的第二个要素，逻辑性看似更难理解，但它其实很简单。信任关系中的逻辑性表明，当你信任一个人时，你不单认同他，而且认为其思维严谨、合理。当一个人在倾听中认真地点头，准确无误地复述你的话，肯定会让你感觉很好。假如一个人的表达天马行空，缺乏逻辑与理性，你就很有可能不再信任他。

最后，信任需要真实性。真实性涉及对方的真实性和你自己的真实性两个方面。当然，只有当你觉得对方确实是真实的并以真实的自己示人时，你才能信任他。在冲突中，我们的防欺诈雷达始终处于高度警戒的状态，那些骗子、操纵者和其他不真实的人肯定无法赢得信任。

当我们还是孩子时，我们会不断地遇到一种特定形式的不真实，也许你也曾遇到过，这就是"快乐制造者"。"快乐制造者"随时随地都想让别人脸上露出笑容，从不管他们遇到了什么麻烦、问题或冲突。"快乐制造者"所制造的冲突故事是令人沮丧的。你现在已经非常清楚，要想在冲突中找到真正的出路，就必须面对一些不开心的事情。那些假意的安慰，如"一切都会好起来的！"，只会破坏信任，无法在关系中建立信任。

如果你的同事能与你共情、理解你，并且看上去很真诚，当他与你的真实自我相遇、建立联结时，你就会觉得他值得信任。你若是个缺乏安全感的人，或者因工作而伪装自己，那么，如果有人对你的虚假自我表示同情和理解，你反倒会对他产生不信任感。

> 要想在冲突中找到真正的出路，就必须面对一些不开心的事情。那些假意的安慰，如"一切都会好起来的！"，只会破坏信任，无法在关系中建立信任。

因此，同理心、逻辑性和真实性三者在信任关系中缺一不可，任何一个要素的缺失都会破坏你对同事的信任。接下来，请你花点时间问问自己：日常工作中，我在多大程度上信任同事？在我们的关系中，我觉得相对可靠的是哪一个要素？不那么稳定的呢？缺失的呢？为什么？

倘若关系中有不可靠的感觉，如何才能消除，从而更好地应对冲突？我们有一些经过实践证明的建议可能对你有所帮助！

合作、行为改变以及矛盾心理

冲突解决的第一套策略旨在帮助你在没有与对方互动的情况下做好个人准备，这是前面一章的内容。本章接下来讨论第二套策略，特别强调冲突双方的有意合作。

冲突中的你和对方可能很难进行合作，而且自发生冲突以来，你们可能始终相互回避。为此，我们专门设计的第二套解决策略中强调建立在明确指示和基本协议基础上的双方合作。它看上去相当简单，也很不起眼，但请你不要忽视它，实际上它是应对冲突的关键力量，能发挥相当重要的作用。

要想双方合作，首先你需要承诺信任你们之间的关系。发生冲突后，你们之间的信任关系遭到不同程度的破坏，你内心的防御机制最不希望你再次信任破坏你安全感的那个人。但是，你最需要着手做的事情恰恰就是恢复你们对彼此关系的信任。

为此,你可以从一点点的信任开始,以此启动你们之间的谈话。如果在这个过程中,你仍多有疑虑,别担心,这种反应是正常的。如果你很难再次信任对方,那就调整承诺,将其改为相信冲突会得到解决。请相信,这也一样很有效。

是的,你如果真的想解决冲突,那就相信冲突会得到解决吧,会奏效的。

> 此时,你应该问问自己这个重要的问题:你真的想解决这个冲突吗?

在阅读本章时,如果你犹豫不决,对重建信任的承诺摇摆不定;如果你认为不可能或每一步都困难重重,还列出了很多理由;如果你发现自己经常分心,放下书去做别的事情,那么此时,你应该问问自己这个重要的问题:你真的想解决这个冲突吗?

你真的想改变你和对方的关系吗?重建信任需要个人努力以及双方合作,你真的愿意去做吗?真正尊重这个有问题的人,并且在此基础上与其建立良好的工作关系,这是你的目标吗?

之所以提出这个问题,是因为在我们的工作坊中,经常有很多参与者告诉我们,他们的情况很特别、很复杂,挑战性更大。老实说,他们描述的冲突与我们实际讨论的冲突如出一辙,没有什么特别。可是,没有人愿意听我们说这些,他们总在想尽一切办法将过错归在对方身上,希望我们相信他们。

历经多次徒劳无功的努力之后,我们得出这样一个结论:实际上,有些人压根儿就不想解决他们所说的冲突,压根儿不想与对方合作、重建相互尊重和信任的关系,他们打心眼里抗拒这些。

为了弄清楚背后的原因,我们将注意力转向成年人的行为变化上。具体而言,我们仔细探究了社会工作者和心理学家常用的动机式访谈法,正是它让我们更好地理解了为什么人们会出现那么强烈的抗拒。研究表明,一旦成年人想要改变自身行为,他们的思想就会受到强烈而深刻的矛盾心理的影响。当然,这种矛盾心理是人类行为中健康而正常的一部分。

举例而言,假设你和我们一样,在某个时刻想减肥。你的计划很简单:调整饮食、减少热量摄入、多多运动。当你向亲朋好友宣布你的这个新年决定时,你清楚而自信地表达出态度的转变。可是,几天之后,你在排队结账时，再一次拿起了一袋薯片或饼干；开车回家的路上，说服自己"一袋薯片没什么大不了的"。1个月后，你的体重没有任何改善，于是你开始对自己说"减肥行不通，减肥不值得，别麻烦了"。你看，矛盾心理自始至终都在影响着你。

动机式访谈法就可以应对这种矛盾心理。你很了解饮食计划外的吃零食行为，重返过去的行为，放松了一点点……毕竟，很长时间以来你一直都有这种饮食习惯。在艰难的改变过程中，你将会继续维持那些你宣称要改掉的旧行为，以此维持原来的你。

这些维持性行为的出现以及失误并不表明你不再渴望改变，其实它们之所以出现，是因为你太想做出改变。你试图改变的努力把这些维持过往的想法和感受都激活了，它们才是行为得以改变的决定性因素，这是人类共有的特质。当你出现这种情况时，请多给自己一些支持。

"你真的想解决这个冲突吗？"这个问题与此类似，它经常会在改变和维持之间制造类似的矛盾。"我当然想和我的搭班教师进行更有效的合作，真的不想每天晚上都带着同样的问题回家！"这种真诚而合理地做出改变的态度是一个完美的范例。但是，当你面对再次出现的老习惯，请不要惊讶。过去曾被反复抱怨和指责的这些坏习惯提示你，在改变的同时你还有些老习惯继续存在着。承诺做出改变的同时遇到阻碍改变的老习惯，这正是内心矛盾的体现，也正是你改变这类行为时将会出现的典型反应。

矛盾心理给你两条不同的出路。其中一条出路很简单，你的行为和态度维持不变，并且你下定决心不再改变。很明显，这条"出路"只会让你继续困在冲突中。

另一条出路更好，但也更难，它要求你把自己的矛盾心理看作意料之中的人性特点；要求你与它和平相处，因为它不可能很快消失，但你需要认识到，维持某些行为和态度其实是你渴望做出改变的特殊表现，而非你无法做出改变的证据；你不需要为矛盾心理花费太多精力，无须过多关注它。

相反，请把你的精力和注意力放在那些可改变的态度和行为上，积极改善这些态度和行为；向你的团队或同事介绍你的计划，并争取他们的支持；请想象改变后的新世界，想象改变带来的所有解脱和好处；庆祝改变过程中获得的每一个成就。

还要为自己喝彩。我们早就说过，与同事合作需要勇气，不过，现在的你已经善于做这些略显可怕的事情了，对不对？

合作行动1：做好组织工作

冲突中的细节解读自有奇怪的逻辑。比如，对方的一个微小的失误可能就"证明"了你长久以来一直有所怀疑的他的整个人格，教室里被撤掉的一幅画会意味着对你的不尊重，一个不合时宜的不悦眼神被视为对你的憎恶。

在为应对冲突而做的组织工作准备中要注意，小细节更可能变成大问题。如果会议时间安排不当、举办地点不对、议程不明确，只会让冲突变得更糟而不可能更好。然后，随着问题不断扩大，你们都不再相信能找出问题的症结、解决冲突，可能会慢慢接受你们连"简单的事情"都不可能共同解决这一想法。

必须在组织工作中合作。你们是否还记得，克里斯为了筹备家长会所付出的努力？但因为他没有与家长合作，结果适得其反，他独自规划组织工作，自行准备每一个细节。所以，不管他自认为议程如何万无一失，在家长眼里，所有这一切无非只能证明他别有用心。

你要从他的错误中吸取教训。与其成为"冲突专家"，把自己的专业知识强加给对方，不如通过对话来解决一个又一个细节问题。在具体的冲突中，不存在专家。只有在工作准备阶段就开始合作，冲突双方才能进入直面对方、建立信任的过程。

共同商定会谈内容，确定会谈主题

"我们需要谈谈"，这是让人心跳加速、手心冒汗的六个字。不管说这话的人是你的父母、伴侣还是同事，抑或是其他任何人，它无一例外地都在表明，一场可怕的灾难正在悄然逼近。

不过，这也是一句谎言，一句不公平的、操纵性的、效果适得其反的谎言。

只要听过一两次这句话，你可能就会想："我们不需要交谈。是你需要谈谈，但我不需要！"每当一个人对另一个人说出这句话，实际上，他是把"我们"的标签贴在了"我"的位置上，试图以此操控对方。无论他的意图是什么，一旦把对方置于不公平的境地，这种做法就是不对的。

令人感到吃惊的是，这么说的结果其实也可能适得其反。我们一再地看到工作坊参与者用含糊且可怕的开场白开始了罗宾和帕特式讨论。"我在想，我们能不能聊点什么？""你觉得我们能谈谈发生了什么吗？""嘿！我希望我们能碰个面，这样的话，你知道，我们可能会……"这些提问以及犹犹豫豫的表述相当清楚地表明，至少在幼儿教育领域，关于真相陈述的很多东西，我们这些成年人得从幼儿身上去学。

让我们重来一下。你们正处于冲突中，你们的信任关系已经破裂。细节很重要。你将勇敢地迈出实实在在的第一步，为应对冲突树立榜样。

公平、直接、富有成效地陈述事实，相当容易。作息时间表让你感到紧张？那就说："作息时间表让我感到有些紧张，我想和你谈谈。"你不太了解上周家长在走廊里发生的事情，而且你还感到有些震惊，那就说："我不太清楚上周您在走廊里发生的事情，它让我感觉有点震惊，想找时间和您谈谈这件事。"

采用代词"我"进行真相陈述，是一种诚实且直接的陈述方式，我们很容易写出这类陈述，却很难大声地说出来。但是，只要说出来，几乎总能令说者和听者都感到极大的解脱。当你只是从自己的角度陈述客观事实，比如发生了哪些事情、它对你产生了影响，或你想谈论它，这种陈述很容易被写出来，却很难大声地说出来。因为你若是把一个问题说得太具体，通常人们就会认为你违反了默认的社会交往规则（这就是人们发明"我们需要谈谈"的原因！）。

不过，请你相信，"我"式陈述几乎总能让双方都松一口气。对于说者而言，你终于可以把连续几天或几周以来一直在脑海中萦绕的想法公之于众了。承认现实是一种解脱，而且，大多数时候也带给听者某种解脱，因为他们一直想知道是什么事情破坏了彼此的关系；他们发现情况似乎很紧张，但不知道为什么。

这类简单明了的句子可以揭示你们关系中的某些关键点，表明存在一个需要共同解决的问题，也就是说，问题不在对方身上。通过建立信任，你可以明确问题、找出原因并应对冲突，这时，你就在告诉对方，他们不是问题所在，问题在于失误、错误或困惑。一旦问题得以澄清，也就表明谁都不是问题所在。

因此，请认真对待"我"式陈述。你可以把它写下来，对着卧室的镜子或朋友练习说出来。要做得恰到好处，在关键的第一步就把功夫下足。

当你发表自我声明时，你要清楚，如果事情进展顺利，对方可能也会决定分享一个（或二十个）他们的"我"式声明。这是理想的互动——你说出了一些对你和对方都很重要的事情，他们也渴望分享他们的想法。

不要急于求成。停下来，你还要做更多的计划。

选择合适的地点

这是一个荣耀的时刻。在我们担任园所领导的职业生涯中，经常会出现这种时刻。某次，我们走进一间教室看到两位教师之间发生了一个难得的暖心事件。在过去的几个月甚至几年里，他们彼此有矛盾，但如今，他们已经学会了如何洒脱、幽默、巧妙地应对冲突，成为真正的团队。事情是这样的。

美国密歇根州11月的一天，天气寒冷。幼儿园教师乔和内芙正在帮助孩子们准备外出。乔在当地长大，早已习惯了寒冷。内芙来自南方，尚未适应这里的寒冷天气。以下是他们向孩子们发出的指令。

内芙："好了，各位！你们需要雪裤、靴子、帽子和手套。"

乔："内芙，你认为他们真的需要雪裤吗？地上又没有雪。"

内芙："是的，我觉得需要。我觉得今天应该会很冷。"

乔："嗯，昨天是7℃，对密歇根的11月来说还算暖和，今天应该也是一样。不过，我们还是先看看天气再确定吧。"

内芙拿起教室里的平板电脑，打开天气应用程序，读道："是的，现在的温度是 -1℃，体感温度约为 -8℃。"

乔："没错！我也要穿雪裤了，很高兴有你提醒。哈哈，密歇根的天气变幻莫测。"

看上去非常简单,对吧?让我们一起来解析这场消弭在无形中的冲突。她们做得实在太好了,你可能会纳闷:"这里哪有什么冲突?"

这场冲突的第一部分,也是最主要的一部分,是学龄前儿童在社交和情感发展过程中需要反复观摩的。从一开始,内芙和乔就心平气和地相互尊重对方的不同意见。她们没有发牢骚,没有用消极的、有攻击性的语言,比如"她又开始抱怨雪裤了"。

当意见分歧变得明显时,她们没有保持沉默,而是大声地说出了冲突,轮流分享各自的观点,简要地解释原因。她们的目标不在于证明对方是错误的,而是收集信息和分享信息,以便达成一个合理的结论。

更重要的是,她们都清楚地意识到,自己正身处教室之中,孩子们正在倾听她们的谈话。与其把冲突当作问题,不如把它当作教学机会。例如,内芙和乔以身作则,做好了解决问题的示范。她们意识到自己缺乏相关的信息,于是拿出平板电脑,了解气温。当所得信息与天气预报不同时,她们放弃了之前的决策依据,而是采用更准确的新信息,以此为依据,做出行动调整。

最后也是最重要的一点是,孩子们从头到尾观看了发生在他们熟悉和信任的两位教师之间的冲突。在教师们就雪裤所进行的简短交流中,孩子们看到一段关系如何从岌岌可危到稳定下来,如何从即将破裂到修复。孩子们以最有效的方式接受教育,目睹着他们所依恋的两个成年人表现出社会性发展技能,而这种技能是孩子和成年人都需要具备的。

在这类冲突情境中,教室就是成年人应对冲突的理想场所。通常有很多冲突在孩子们面前开始,解决过程却远离了孩子们。当然,有时候,这么做很有必要,比如冲突内容不适合孩子或过于微妙,或者我们的反应性情绪让我们无法冷静而细心地示范时。这种情况下,孩子们通常只能看到冲突的爆发,无法看到冲突的解决。我们希望,孩子们能有机会不断地看到关心他们的成年人是如何处理冲突的,从中逐渐学会应对冲突的技能。乔和

> 我们希望,孩子们能有机会不断地看到关心他们的成年人是如何处理冲突的,从中逐渐学会应对冲突的技能。

内芙班级里的孩子们很幸运地目睹了整个过程。

这相当值得称道,对不对?遗憾的是,它们实在太罕见了,我们通常看到的更多是以下案例所呈现的情形。

乔恩和李是学步儿班的教师。乔恩已在这里工作多年,李比她时间短很多。该机构的规章制度要求,教师每隔2小时就需要为孩子们换一次纸尿裤。为此,她们在与教育协调员讨论后,共同制定了轮流排班的时间表。

不过,真要按照规定给孩子们在规定时间内换纸尿裤,可能会让教室里所有的事情都崩溃。今天就出现了这样的情况。当李和几个孩子正在跳舞时,乔恩和埃米也在教室里,她们面对面地坐着,喘着气,相互做了个鬼脸。

乔恩:"看来埃米需要换纸尿裤了。"

李继续跳舞,没有搭理乔恩的提醒。乔恩瞪大眼睛,大声质问道:"你听到了吗?!埃米需要换纸尿裤了。"

李关掉了音乐,没有继续跳舞,嚷道:"是的,听到了!过来,埃米,让我给你换纸尿裤。"

埃米穿过教室来到尿布台前,李叹了口气说:"每次即使有孩子拉裤子了,你也不会主动给他们换纸尿裤!"李抱起埃米,把她放到尿布台上开始给她换纸尿裤。

乔恩笑了笑,说:"让我休息一会儿!我的意思是,这会要了你的命吗?"

真是一团糟!我们当然不是指埃米换纸尿裤这件事!

首先,虽然李和乔恩本意只是相互抱怨,但她们俩正在教室里,当时教室里挤满了孩子。孩子们拥有的健康自恋会使得他们认为两位教师是在谈论他们,这表明,教师间的上述对话很可能会让孩子们,特别是可怜的埃米,因其生理需求而感到羞愧。当然,埃米还太小,尚无法理解当时的复杂情境,但埃米会认为,自己要换纸尿裤会让教师生气,他这样的推理很正常。

孩子们依赖幼儿教育工作者来满足他们的需求。将他们的需求视为某种不便,就是对他们的极大不尊重,也会损害他们正在形成的身体知识和自尊。此外,年幼的孩子很难理解讽刺语,所以乔恩回应李换纸尿裤会"要命"之类的话,在孩子们听起来相当可怕,比实际情况严重得多。

因此,虽然埃米的纸尿裤确实被换掉了,李和乔恩之间的分歧也随着时间的推移而消失,可是这一事件带来的紧张气氛会一直在教室里存在。毕竟,埃米并不是唯一一个需要"按计划"换纸尿裤的孩子。每当这种情况再次发生时,李和乔恩之间潜在的消极情绪很可能会再次出现。就这样,教师们不断地给孩子们树立了糟糕透顶的行为榜样,总是带着不舒服的情绪、琐碎地抱怨成为这两个成年人的日常生活状态。

除非李和乔恩掌握了内芙和乔应对冲突的相关技能,否则,当他们发生冲突后就应该立即避开孩子,在孩子们看不到的地方解决。哪怕手忙脚乱、行为表现与我们希望孩子们看到的好榜样截然相反,这也是正常的。毕竟教师也是普通人,和每个人一样并不完美。但是,请记住,教室不适合教师们开展这一类摸索行动,教室不是这样的地方。

那么,哪里才是探索的好地方呢?我们必须重申,并不存在符合统一标准的"好地方",你需要和同事共同努力寻找这样的地方。你可以先向对方申明:"我想知道,如果我们再等等,找到一个避开孩子们的地方继续我们的谈话会不会更好些?"或者说:"我想,如果我们到教室外面去,也许可以更好地集中精力、更清晰地沟通。"

所以,你首先要弄清楚,你们俩更愿意把交谈地点选在工作场所还是在咖啡馆或图书馆等公共场所。发生冲突后,是在公共场所见面更好?还是只想在大楼里?你可以很简单地问对方:"接下来的谈话,你觉得在哪里更好些?"

然后,你要考虑保护隐私和保密的问题。我们强烈建议你选择一个他人无法听到你们说话的地方,比如热闹的美食广场或其他公共场所。不过,我们的工作经验表明,教职员工大都希望在工作场所进行交谈。这就带来了一个问题:"我想尊重你的感受和隐私,所以我们要找到这样一个地方,一个能确保我们能说清自己的想法又不会被别人听到、不会被断章取义的地方。"

请问问自己,你所在的机构里是否真的有属于你们的私人空间?我们曾在一些大楼里工作,那里的房间都有滚动式隔板,很显然,这些隔板根本不可能像落地墙那样隔音。何况,在这样的大房间里谈话,效果并不好。不管哪种声音都可能传出去，特别是当两个人闹得不可开交的时候更是如此。因此，请你们尽可能找个确保你们的声音不会被听到的房间。如果确实找不到，你们走出教室后就可以考虑使用白噪声机，或者打开手机中的相关应用程序，设置隔离性的背景音。

最后，请认真考虑一下你们谈话的"曝光度"问题。当你们正在交谈时，很有可能会有好事者将此作为机会过来"看看你们怎么样"，这对你来说，情况当然不妙。另外请注意，玻璃房其实像个舞台，冲突中的你可能不希望有观众。如果玻璃房是你们唯一的可选之地，而且没有窗帘或百叶窗可用，你们就要事先讨论好，一起背对玻璃墙进行对话。

安排好会谈时间

请你先回顾一下本书引言中的核心原则，其中一条是：冲突就是工作，而非来自工作的干扰。当你选择会谈时间这一关键步骤时，你需要牢记这一原则。

你可能知道，大多数专业人员并不会被相关组织要求在某个房间里一停留就是几小时，没有休息，只有少数任务可在教室之外进行。幼儿教育行业之所以容易发生冲突，其中有个最主要的原因，那就是教室内始终需要维持一定的师生比，这是职业要求。但是，一旦承认冲突就是工作，就必须在教师离开教室处理冲突时有替代的教师以保证教室里的师幼比。

不过，相关报道很少。据我们所知，大部分幼儿园都人手不足，教育管理层每天都需要面对的一个大挑战就是确保教室里的师幼比达标，想要超标？免谈。而且，大多数管理者并不认为解决冲突是工作范围内的事。问题出现了，教师们应该自己想办法解决，对不对？

这些职业限制表明，教育工作者往往需要尽快面对冲突并处理冲突。何况人类天生不喜欢冲突，都倾向于趁热打铁，想着马上解决问题，借此消除因情绪失控和信任破灭而带来的不适感。当然，面对冲突的即时反应其实是个敌人，直接跳进冲突几乎总会造成紧张局势的加剧。还有，正如我们在前文曾讨论的那样，在教室里，面对我们所服务的孩子，和同事一起着手解决冲突，这绝不是个好主意。

因此，你们需要齐心协力，共同商定出合适的会谈时间，但不必太着急。曾有一位高中篮球教练告诉我们，他有个"24小时规则"。他说他很乐意在比赛期间与家长就与孩子表现或教练有关的任何问题进行交流，但时间上不得早于比赛结束后的24小时。许多冲突的确让人产生急迫感，但这位教练说得很有道理。时间不能带来疗愈，也无法解决问题。但是，时间确实能让我们远离冲突时的紧张气氛，从而有更多时间做出积极回应而不是消极反应。

即使情况确实紧急，有意拖延一下基本上总是个好事情。几年前，克里斯蒂娜是一家大型托儿所的幼儿教师，她班里有个孩子患有严重的过敏症。有一天，厨师出现了失误，在给这个孩子准备的食品中添加了一些含变应原的食材。克里斯蒂娜发现后，立即向厨师质问此事，厨师则带着敌意否认了自己的失误，双方的谈话很紧张，但没有任何结果。

不过，克里斯蒂娜随后把紧急事务与其他事情区分开来。她不再继续和厨师进行激烈的交谈，没有把食物端给孩子，以防止险情发生，也没有急于解决这个冲突。当天晚些时候，孩子们下楼睡午觉。这时，克里斯蒂娜利用教师备课时间去找厨师，和他在教室外的走廊里交谈，开始解决冲突。

请你问问自己和同事，什么时候是你们对话的"合适"时机？你们面临的情况是需要快速解决还是有待决策？你们能否暂时搁置冲突，先合作做好其他事情？你们都需要点时间，还是你们中的某一方有紧迫感？虽然冲突带来的压抑情绪会催促你们尽快解决问题，但是如果你们当中能有人说出"现在是解决问题的最佳时机吗？"或"我建议我们先把这个问题放一放，等我们都有时间整理好头绪后再讨论"，这对大家都有好处。

和大多数组织工作一样，你们需要做好妥协的准备。你们正处于冲突之中，有些谈判很可能会暴露出你们之间的明显分歧。如果你能信任对方，并做出让步，那么对方也同样会开始为你做出让步，从而为今后解决冲突铺平道路。

尽管如此，在日程安排上你不必妥协。这一点相当重要，所以我们专节讨论。

合作行动 2：预留充足的时间

处理和解决冲突到底需要多长时间？对此，你唯一能预测的就是它的不可预测性。我们曾目睹持续数月之久的冲突，只用 3 分钟就解决了。我们也曾看到一些突然冒出的"小"冲突，却花了好几个小时才得以解决。

你可能认为，你很清楚需要多少时间解决冲突，但这也许只是你的最初反应。目前，你尚不清楚对方的观点，也不知道当你知道时会做出何种反应。

因此，建议你留出充足的时间。

同理心需要时间

还记得弗朗西丝·弗莱的信任公式吗？信任＝同理心＋逻辑性＋真实性。在解决冲突的过程中，这三者是否必须同时存在？这个阶段的主要目标是重建业已破碎的信任，你们双方都需要留足时间，确保各项事情有条不紊，双方能够充分表达真实的想法并且能彼此相互倾听、充分理解。这个过程也为真实性创造了更多空间。加之迂回策略更注重客观报告和结果认可度，由此便强化了信任中的逻辑性。

> 同理心需要付出努力，而努力的过程需要专心致志。

那么，同理心呢？对于正处在冲突中的你而言，同理心可能有点复杂。弗朗西丝·弗莱指出，冲突激活了所有的自我保护机制，导致同理心成为"最常见的纠结"（Frei, 2018）。与此同时，弗莱指出，现在的人们大多都"过于分心"，因此要能理解他人的观点和感受，需要时间；要用他人能理解的方式来表达自己的观点和感受，需要时间。同理心需要付出努力，而努力的过程需要专心致志。如今，人们生活在一个节奏很快的世界里，这要求人们一肩多挑，兼顾多种责任，能平衡好注意力的分配。

当你试图改变自己的行为时，脑子里会不断闪过一些念头。请留意这些令人分心的念头，学会把它们放下。弗朗西丝·弗莱鼓励我们关注这些念头，比如弄清楚让你分心的人、事和物。通常，你在哪里、和谁在一起、针对谁以及什么事可能会让你分心？通过探究分心，才能更好地应对分心。不过，解决冲突的准备过程中，你要尽你所能地排除那些让你分心的因素，比如待办事项清单、家庭成员、手机或爱管闲事的同事等，确保有时间、有精力能够和对方见面。

放慢脚步

很多人缺少把注意力集中在一件事上的习惯，我们几乎已经忘记"慢下来"的真正含义。前行的路，要慢慢走。

我们在本书第四章分析罗宾和帕特的冲突时，曾指出时间是一个关键因素，人们用以解决冲突的实际时间短得离谱。短短几分钟通常只够参与者立马做出习惯性反应，根本做不到策略性反应。受制于时间，很多人通常只能用无效的技能来仓促应付。换句话说，短短几分钟只够他们直接说出自己的感受或者发生了什么事，启动自我防御，从而扼杀了发展同理心的可能性。

因此，是时候学着放慢脚步，不要着急了。换位思考应水到渠成、自然顺畅。你需要时间去真正了解对方，对方也需要时间来真正了解你。

慢下来做规划的具体步骤

1. 双方商定预留时长，这一点最重要。你不必急于敲定细节。也许对你而言不过是个快速会谈，但对方的看法可能截然相反。我们强烈建议你预留出更长的时间，同时假定你们的信任已得到修复。

2. 一旦你们对所需时间达成了共识，请在实际计划中把实际所需时间翻倍。比如，你们一致预估所需时间是 30 分钟，那就安排 1 小时。预估 1 小时？那就安排 2 小时。多出来的时间也许是实际谈话所需的，也可能不是，但它足以保证你们的见面不必太匆忙。

3. 计划好时间后，你们不妨进一步考虑把谈话分成两次进行。毕竟，幼儿教育工作者的时间很紧张，你们可能难以一次性地抽出一两小时用于会谈。所以，与其压缩谈话时间，不如分段进行。

4. 谈话过程中，慢下来很重要，必要时可以暂停一下。如果你必须把谈话分成两段，那么请在第一段结束时留点时间，用以回顾和重新组织，并决定下一步行动。然后，在下一段讨论开始时做类似的事情——回顾发生了什么,并表明你希望达到的目标。

5. 在会面时,要警觉急于得出结论和急于解决问题的冲动。冲动的欲望非常真实、强大,它会让你分心,让你觉得速战速决才好。其实,真相并非如此。

6. 最后,放下心来。事实上,你并不是在浪费时间,而是在投资时间。想想你已经用了几十到几百个小时的时间,通过回避、担心、生气或其他方式无效地处理这场冲突。你在这里投入的一两小时将在未来的几周和几个月内得到回报。

合作行动 3:阐明共同的期望

实践中,我们所遇到的人们通常很少能认识到阐明共同的期望有多么重要。可是,要想在冲突中找到出路,就必须弄清楚会谈的基本规则,澄清共同的期望。双方可能都会认同的一个期望就是:"我们的共同期望很少,那就先处理这个问题。"

任何情况下,个性、文化、意义和背景都相当复杂,某个冲突很可能表明你和对方根本就不存在共识。所以,为了能使这一策略更接地气、大家更好接受,请重温"建立信任"的概念。然而,讨论共同的期望很有可能挑战你对自己、对方或你们双方的初始信任。

因此,第一个重要期望是建立"足够好的信任"。当前这个阶段为时尚早,你们还难以建立深厚而持久的信任,难以重建该信任所需的同理心、逻辑性和真实性。此时,你们只需要与彼此建立足够好的信任,明确承诺给予对方一些初步的信任,以便顺利启动合作。足够好的信任仍然由信任的三大组成部分构成,但比重有所变化:足够好的信任 = 一点同理心 + 适量真实性 + 大量逻辑性。

在幼儿教师同行间,足够好的信任往往听上去就像"我知道我们都同样致力于支持家庭"或"我知道,我们都优先考虑孩子的需求"。这些话可以推倒冲突的围墙。因为当他们对我们说这些话的时候,我们会觉得自己被看见、受到重视。当我们对别人也说这些话时，我们不会泄露自己的信息——可以真实地表达，并开始信任。

逻辑上讲，这有点棘手。还记得我们刚才说需要大量的逻辑吗？克服困难要求充分而扎实的推理。不过，即使我们进行了最好的推理，逻辑有时却比我们预想得更不稳定；事实上，逻辑可能相当脆弱。弗莱从两个方面描述了逻辑的脆弱性：逻辑质量和你的沟通能力（Frei，2018）。逻辑必须有意义，你的逻辑必须合乎逻辑！因此，只有建立在坚实的推理基础上，它才是有效的。有时，我们会因为情绪反应和对观点的强烈执着而出现推理评估的偏差。与此同时，与推理同等重要的，是在冲突中你需要有能力以一种易于他人理解的方式传达你的逻辑。考虑到我们的反应能力，这是有挑战性的。

幸运的是，我们这个领域有许多组织花费大量时间和心思对如何应对冲突给予指导，帮助我们强化沟通的逻辑性。在制定有关会谈的基本规则时，以下框架可作为你所在机构以及你和冲突对方间的谈话要点。此外，你们对这些框架的共同承诺是非个人的、客观的，是以更宽泛的原则或期待为中心的，而不能陷入当前冲突的具体细节中。

使命、愿景和价值观声明

大多数幼儿教育机构都有关于使命、愿景和价值观的声明。然而，实际工作中却很少有组织经常引用这些声明，我们认为这种做法是错误的。一般而言，这些声明有助于建立协同工作的基本原则，特别是在事情变得棘手时，它们可以提供很好的方式，让你得以后退一步，从更大的视角看待实际情形。

幸运的话，最好的使命、愿景和价值观声明就是你所在的机构宣言。但是，如果你手头没有，这里有一些直接为儿童和家庭提供服务的高质量幼儿教育机构的使命或宣言的范例。

格蕾琴之家（Gretchen's House）旨在通过创设安全、健康的养育环境和提供高质量的幼儿教育方案，促进幼儿在身体、社交、情感和认知等多方面的发展，同时给予家庭支持。在这里，教职员工和家长是合作伙伴，彼此信任、相互尊重，定期开展深度对话，共同致力于更好地满足儿童及其家庭的发展需求（Gretchen's House，2019）。

戈达德学校（Goddard School）采用受到专业认可的最新的有效方法，确保孩子们获得技能，享受快乐，有所成就。我们的教师才华横溢，他们与家长密切合作，共同致力于把孩子培养成为自尊、自信、快乐的学习者（Goddard School，2020）。

光明地平线家庭项目（Bright Horizons Family Solutions）的使命是提供创新型教育项目，帮助儿童、家庭和雇主共同努力，做到最好。我们承诺：提供全国最优质的儿童保育、早期教育以及工作和生活方案。我们确保：培养每个孩子的独特品质和潜能；依托强有力的合作伙伴关系为家庭提供支持；与雇主合作建立家庭友好型工作场所；创设专业、成长型和多元化的工作环境；发展壮大成为一个实力雄厚的组织。我们渴望成功做到这些，从而帮助儿童及其家庭的生活，以及我们自己生活和工作的社区变得更好（Bright Horizons，2020）。

在共同应对冲突时，上述这类宣言使得人们能够就冲突的意图和影响提出一些重要的问题。那么，哪些声明更能引起每个人的共鸣？共同应对冲突时，我们的行动在多大程度上可以促进与幼儿的依恋关系、与家庭的信任和尊重关系，并且体现组织的专业精神？

这些问题不需要明确的答案。恰恰相反，它们是一种启发，促使我们更加有意识地进行反思，谦逊、专注地关注彼此的承诺以及对孩子的承诺。不过，在共同应对冲突时，你们要对这些问题做出回答可能很不容易，但我们由衷地希望你们进行尝试。

岗位说明和员工手册

通常，在解决工作场所中发生的冲突时，几乎没有人参考组织机构的相关文件，这令我们感到震惊。其实，组织中的岗位说明目的在于清楚描述带薪岗位应做之事；员工手册会清楚地描述组织机构对所有员工的期望。它们是法律文件，也是行政文件，更是操作性文件，与工作冲突中的大部分内容相关，因此相当重要。

当遭遇工作冲突时，你首先要做的事情就是弄清楚组织中到底有哪些相关文件。你可以与上司或人力资源部门的负责人谈谈,让他们给你提供各种相关文件,然后坐下来仔细阅读。如果你是第一次读到这些内容,且完全不熟悉它们,对此你也不要太难过。毕竟,文本上所写的期望对一般员工而言缺乏操作性,而且你们通常也几乎没有机会进一步理解和内化这些内容,只是在入职文件上签个字,这些文件就被存档、束之高阁了。

即使现实情况如此,当你阅读这些文件时,你仍能发现文件中满是能够给予你支持的有用内容,因为它们清清楚楚地阐明了你在入职时所承诺履行的职业角色和工作责任。当然,文件用语无论多么客观,每个人的解释都会有所不同,特别是某些使命宣言类的表述,仅展示了幼教实际状况的冰山一角。例如,在真实而混乱的教育实践现场,"高质量""适宜性发展""生成学习"和"差异化"等术语究竟意味着什么?由谁来决定工作要求中的合作、相互尊重和勤奋等到底该是什么样子?

因此,你们必须将讨论岗位职责等相关文件的工作看作合作性的、阐释性的工作。你们需要坐在一起共同找出与本次冲突有关的重要概念,而不只是向对方解释条文,更不是依据文件去评判或指责对方。我们郑重地提醒你,当你告诉对方这些文件将有助于解决你们的冲突时,你尤其要注意这一点。

与此同时,你需要强调自己是基于对组织程序和对方的信任才这么做的,这一点很重要,你要让对方明白你不是利用手头文件另有图谋。毕竟,你的同事可能从来没有仔细看过这些文件,你突然把它们摆在他面前,会让他感到意外。因此,与本章其他指导要求一样,请你向同事保证,你运用这些文件的目的在于更好地彼此支持和合作,而非取而代之。

团队协议

每当我们在工作坊中提到岗位说明和员工手册时,总有一些参与者笑着摇摇头说我们过于"一厢情愿",他们会说"机构能够专门花时间来阐明工作期望,我当然愿意在这样的地方工作"。如果你的老板没有想到这些基本的组织期望,那么你还有另外一个选择,即制定你们自己的团体协议。这听上去令人生畏,一旦做起来,你就会发现它非常简单、充满力量,而且相当管用。

最理想的情形就是这份协议能囊括组织中的每一个人,至少要包括组织中参与了团队工作的那些人。当然，底线是两名成员，即你和你的同事，你们俩签订一个协议。

制定团队协议时通常可采用以下流程，你可以结合实际情况在此基础上加以调整。团队协议其实就像名称所表明的那样，是由员工制定并达成共识的一种基本合作方式。本章中的团队协议由受到工作冲突影响的人们一起参与、共同制定，它只是一种应对冲突的合作方式，并不是涉及从老板到员工的全员性规章和制度。在此过程中，组织领导层仍有协作参与的职责。

团队协议需要受到支持。如果该协议采用团队成员的话写成、依据他们的想法制定，能够充分反映每个成员以及大家共同关注的观点，那么就更有可能获得同意和支持。最好在合作一开始就把团队协议制定好，而且应该是一份有活力的文件，随着时间的推移要能做出相应的调整。在你们合作的过程中，当发现协议中必要的"参与规则"没有受到关注，你们就要对此进行必要的修改。

最近，克里斯蒂娜成为一个拥有50多名教职员工的幼儿园园长，首要任务就是尽快达成团队共识。虽然这家幼儿园早已有任务说明，但克里斯蒂娜知道，她所接替的园长曾任职多年，她的领导风格与其不尽相同。所以，她需要专门花时间制定新的团队协议，以此帮助大家顺利适应克里斯蒂娜的领导风格。

他们以团队的方式探讨共同的价值观，重申有效合作的共同承诺，然后制作了一张引人注目的海报，大家用自己的话写下对彼此的承诺。最后，他们在中心各处张贴了这张海报（如图 6.1 所示）。

要想成功地创建这种由员工制定的、有活力的协议，关键在于把抽象概念转化成具体指标，让员工对自己提出的术语的含义进行准确的解释。人们总是滥用"沟通""尊重""倾听"等词语，但是正如我们在本书中一再说过的，每个概念就像一座冰山，实际上起不到什么作用。因此，主持讨论的人需要提出一些阐释性问题，以引导大家进一步界定和解释概念，继续前行。其中，阐释性问题有两大好处：一方面，它们迫使人们慢下来，对这些品质进行展望，不仅展望它在每个人身上将如何得以体现，而且展望在他人身上如何能体验到这些品质；另一方面，它们让大家认识到，不同的人会赋予同一个词

```
支持性
有趣
灵活变通
接受不完美
承认差异
善意假设
尊重个性
承担责任
沟通
鼓励
帮助
```

图 6.1

语不同的含义。除非主持讨论的人提出了这类问题,否则大家会对团队共识做出不同的假设,从而导致更紧张的关系。

用员工自己的话来表达,团队协议将有助于为构建合作共存的共同期望奠定基础。具体到冲突情形中,卷入冲突的每个人为此都应思考自身言行是否符合彼此的承诺。

全美幼教协会的《职业道德准则》

当我们在工作坊中介绍这些内容时,参与者经常就冲突解决过程中那些拒绝合作的同事向我们提出以下问题:"如果有人就是不愿意参与讨论,哪怕讨论再有成效,那该怎么办?""有些教师所开展的活动不适合儿童发展,你该怎么办?""但是,你已经同意做别的事情,但这位教师仍然坚持做同样的事,你该怎么办?"确实,当大家都积极参与并真正付诸行动时,冲突当然会更容易得到解决。不过,当你遇到拒绝参与的合作者时,可以考虑如下几种选择。

你可以简单地提问"怎么了?"并试着了解他们的看法。这种开放式的询问可能带来几种不同的结果,有些好,有些可能相当糟糕。冲突能否解决,会因语气、时机和意图等变得更加不确定。

所以,你最好能有其他选择,可以利用强调一致性、过程性和透明度的现有专业资源,而不必针对个别员工。如果你是园长,当冲突问题涉及违反许可条例、旷工过多或违反儿童或家庭信息保密规定,那么明智之举就是把问题提交给人力资源部门来处理,它们是基于绩效的问题,需要人力资源部门通过特定的法律程序或专业改进计划才能解决。

如果人力资源部门不可靠(但你所在的人力资源部门很可靠),我们仍建议你在常规实践和讨论中采用全美幼教协会的《职业道德准则》。不同于岗位说明或价值观讨论,《职业道德准则》从儿童、家庭、同事和社区四个方面对幼儿教育工作者提出了总体性的职业期望(NAEYC,2011),尽管用语普通,却清晰地表达了客观、中立且明确的职业期望,便于讨论,可以作为更好地聚焦于工作而非个人看法的冲突讨论背景。

最重要的是,《职业道德准则》有助于使对话始终以儿童为中心。作为幼儿教育工作者,我们的职责是关心并照顾幼儿和维护其家庭的利益,这是我们获得薪资的依据。然而,我们一再看到,工作冲突中的幼儿完全被忽视,他们成为无辜的旁观者,目睹着成年人的无知或虐待。

> 制定冲突应对方案时,突出冲突带给幼儿的影响至关重要。

制定冲突应对方案时,突出冲突带给幼儿的影响至关重要,《职业道德准则》就是最好的工具。如果你和团队在冲突发生之前就已经把它作为组织的架构,那么应对冲突时,它就会发挥出最大的作用,所有人都能以清晰的思路进行讨论并做出相关承诺。

鉴于该准则能够在冲突发生之前就为团队打好伦理和行为方面的基础,克里斯蒂娜选择用它开启自己新团队的工作。在她和团队的第二次讨论中,大家一起用了2小时来剖析其用语,并结合案例具体阐释相关声明在实践中是什么样子的(以及不是什么样子的)。由此可见,团队协议和《职业道德准则》共同奠定了他们开展专业工作的基础。

如果你们在工作环境中还没有做到这些，不要紧，亡羊补牢，现在开始还来得及！所以，马上开始吧。如果已经有这些东西了，但你觉得有点过时，那就掸掉灰尘，把它们带回当下的讨论中。毕竟，如果人们不知道期望是什么，他们就不可能达到期望，而且这对他们来讲也不公平。为此，即使你不是正式的组织领导，你也可以发起这类讨论。任何人都应该这样做。

合作行动 4：创设安全、中立的环境

弗莱在有关信任的演讲中曾直接喊话"会议室里的领导者"："请营造这样一种氛围，不仅让我们能安全地表达自己的真实想法，而且受欢迎，这是你们的义务，去实现它。"（Frei，2018）领导者和掌权者有机会也有责任通过有意识地使用权利和资源来塑造这种真实的存在方式。虽然你们可以运用多种方式来展示和行使这种权力，但是作为冲突解决策略，这里聚焦于工作场所的物理空间和组织工作。

任何工作场所都有一些因素微妙地影响着员工的安全感，从而促成或阻碍人们应对冲突。当冲突中的一方比另一方的权力更大，尤其是某个人担负着监督另一个人的职责时，就会加剧这些因素的影响力。鉴于管理者和员工经常发生冲突，因此，管理者应在很大程度上担负起落实第四项合作行动要素的责任。

会谈地点选在园长办公室还是公共的共享空间，这在很大程度上影响着会谈进展，家具风格、座位远近以及座次位置等也一样。因此，需要审慎决定会谈地点。

克里斯蒂娜在刚担任园长、开始新工作时，发现自己碰到很多类似的情况。

我刚上任时，尽管有很多工作要做，但我立马意识到，刻不容缓的是换一间办公室。办公室的原主人长期担任园长职务，我可以看到墙壁、地板和家具等处处都留有她的烙印。在她任职期间，无论对她还是对教职员工来说，这样的布置都是合情合理的。但我不是她，我和这种布置不匹配，它影响我

和团队之间建立信任关系。何况，我的视觉感知力很强，我可以看出原有布置中有好几个破坏关系的因素。在与新团队建立信任关系之前，我必须处理这些问题。

第一个问题是：固定的电脑桌位置要求我只能背对办公室的门而坐。我知道，对于任何一位造访者而言，我的背影都会立即传递出这样的信息："我没空，我手头的事比你们更重要。"后来，我通过内部调换办公家具，将新办公桌改成面朝门口，从而有机会面带微笑与路过办公室的人进行眼神交流。

第二个问题是：我办公室的座椅问题。对大多数人来说，园长的办公椅和舒适的沙发不会是问题。但是，在我的办公室里，我很快就发现了三个不妥之处：园长的办公椅是一把略高于沙发的真正的电动椅——在没有其他座位选择的情况下，我如果坐在这把椅子上，就会高于坐在沙发上的人；单人沙发会让彼此有不愉快的人必须共处同一空间，甚至可能相互碰触到，从而增加备受情绪困扰的造访者的脆弱感；沙发还使并肩坐着的人很难看到对方，很难进行眼神交流。无论是身体层面还是隐喻层面，沙发都会让人们轻易地避开面对面地交流。

是时候换成新家具了！我把沙发换成两把同样舒适、略微倾斜、彼此相对的椅子，必要时也很容易移动。当我在办公室里进行谈话时，我会从园长办公椅上站起来，和造访者一起坐在舒服的椅子上。这时，我们的高度、风格和位置都一样，从而可以开展平等谈话。在讨论过程中，我的办公室里没有"权力宝座"，人们可以灵活地调整自己的位置，轻松地参与对话。

第三个问题是：办公室的协作空间在哪里？在目前的办公室中，唯一的工作台就是我的办公桌，这暗示着我个人的工作比我们合作做的任何事情都更重要。再加上该办公室存在的其他问题，使得现有空间只能用于必要的单方面谈话。为了解决这个问题，我另外添置了一张办公桌，两边各放一把椅子，上面还有一块用于规划和制定策略的公告板。这样一来，谈话中我们除了选择原有的舒适椅子外，还有了第二个选择。这两把椅子的高度、样式和舒适度与另外两把椅子完全一样，以确保办公室里可容纳更多参与谈话的人。

最后一个问题是：办公室里昏暗而杂乱，整体氛围让人根本不想待在里面，进来的每个人也都想着尽快逃离。我是否想让大家感受到我的个人风格?当然想!不过,办公室装饰的重点在于照明和有序。我扔掉了所有不必要的东西,添置了浅色的家具和一些绿植,还有一些能激发灵感的小饰品和小玩意儿。

老实说,在我着手改造办公室的过程中,我听到了一些杂音,有人说我肤浅和物质主义,只想把时间花在装修上。但随后,人们开始在我新的办公室里打发时间,并说了这样的话——"哇,我真想进来逛逛""这里感觉很舒服""真是太不一样了!""我都不知道该怎么形容它"。当然,这正是我的目标。

创设好新的办公室环境后,我不再花时间在里面,而是让大楼里的其他人也能使用它。我还优先安排出自己使用其他空间的时间,以此改变我与员工的互动情况。与此同时,教职员工开始在我的办公室里举行会议、处理私人事情、召开团队会议等。我明确表示,办公室是为每一位教职员工准备的。

我有时会在办公桌前工作,必要时也会在办公室里与人会面,但上述做法彻底改变了办公室的氛围。它不再是一个充满恐惧、令人害怕的空间,而是一个充满信任、相互合作的空间。因此,当我们确实需要进行某些艰难的谈话时(相信我,我们确实需要!),这种熟悉的信任感和相互合作感就会融进我们的谈话中。

这些环境方面的变化为工作场所和具有挑战性的谈话基调带来了重大的积极影响,使每个参与谈话的人都感到安全。正如你在克里斯蒂娜的例子中所看到的那样,在创建成功团队的过程中,这是建立信任和重建信任的重要一步,以此确保人们以富有成效且彼此尊重的方式应对冲突。

虽然这一策略主要是针对领导而提出的,但它对每个人都有所帮助。你可能无法像克里斯蒂娜那样对谈话空间做出重大改造,但仔细考虑谈话地点将有助于减轻压力。同样,尊重每个人的身体界限并保持同样的高度,也能缓解冲突对话中的一些紧张情绪。如果你尚处于犹豫之中,不妨问问自己和对方:"这里像一个安全、中立的谈话空间吗?"如果答案是否定的,那么你们可以相互合作,共同调整。为了彼此都能充分投入谈话,你所花的时间是值得的。

不要跳过这些步骤！

本章讨论的有意练习很重要。在你们开始紧张的对话之前，它们就足以改变对话的发展。类似于员工们将克里斯蒂娜对办公室的改造看作肤浅和物质主义这一情形一样，人们经常把这些步骤视为"其他事情"，不是大局中的当务之急。不过，事实恰恰相反，正是这些"其他事情"可以有效地促成冲突的解决。

无论是位高权重的人还是相互平级的人，都有着急于解决分歧的自然倾向，进而都有可能跳过建立信任中的同理心、逻辑性和真实性这三大基本要素。因此，我们敦促你按部就班，做好本章提出的具体行动步骤：

1. 做好组织工作；
2. 预留充足的时间；
3. 阐明共同的期望；
4. 创设安全、中立的环境。

用在这些步骤上的时间，可以大大地缩短陷在冲突中的时间，并且这一过程对于确保会谈最终获得成功至关重要。

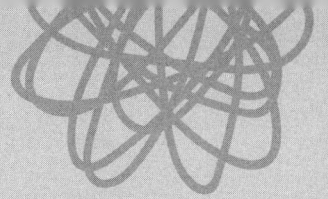

第七章

关键谈话

面对接下来的工作,你是否做好了付诸行动的准备?

对此,我们有三点期待:

- 你已认真学完有助于所有人理解冲突黏性的本质的相关研究和观点;
- 你已完成本书第五章中的大部分练习,能认识到自身带入冲突的意义、价值观、情感以及各种关系,并愿意为之负责;
- 你已结合自己当下面临的具体冲突完成了本书第六章中有关初步合作的任务,做好准备与对方开始对话。上述合作任务有助于你们建立合作的基本规则,重新取得信任,让接下来的工作变得更容易。

如果出于某些原因,你还没有时间进行前期工作,我们真诚地敦促你现在就着手去做。当然,你已翻开了本章,可能会不由自主地顺着读下去。但是,如果你在对一切尚不知情的情况下贸然与对方展开对话,几乎可以肯定,事情一定会变得更糟。

如果你已经花时间完成了那些始终具有挑战性、常常令人困惑、很少有乐趣的准备工作,那么好消息是:做好准备之后再开始对话,一切都会变得更轻松。主要原因有以下四点。

你已做好准备

放松点。这段时间以来——也许是你整个人生中的第一次——你尽力为一场即将到来的尴尬的、情绪化的、困难的讨论做足各种准备。那就让它慢慢发挥作用吧。

本书内容涉及成年人学习的三个基本部分：相关研究、阐述解释和案例分析。阅读至此，我们非常肯定你做了正确的事情。你读了与冲突有关的研究、阐释和案例，掌握了与冲突有关的知识（包括人类冲突的一般性知识和个人冲突的具体知识）。在此前每一章的学习中，你通过这些知识学习应对冲突的技能。你的这些技能将在本章学习中获得进一步发展。

每位幼儿教育工作者都很清楚，仅有知识和技能是不够的。我们敢打赌，你肯定和我们一样，曾和一群教师一起通过数小时或数天的专业培训学到了一些新的教学策略或技巧。可是，在培训后的几个月里，这些技能并没有出现在课堂教学的实践中，你和同事们似乎忘掉了它们。其中，一定缺失了什么重要的东西。事实上，缺失的部分正是促使行为真正得以改变的第三个基本要素。

缺失的这个东西到底是什么？心态。心态是指我们所持有的态度和观念的集合。这些态度和观念使得我们看重某些东西、轻视其他东西；是我们那些根深蒂固的信念的基础，也是维持这些信念的证实偏差的驱动引擎。

我们在书中的每个部分都为你提供了详细的讨论和案例，以此鼓励你在冲突中转变自己的心态。你已经读完与冲突有关的各种态度，并对其进行了反思。现在，你进一步清楚了构成有效心态的关键态度。那么，理想情况下，书中的各种观点足以引导你形成一种寻求与他人进行合作的心态。

我们由衷地希望，你的冲突理解水平和应对技能已获得明显提高，因为本章的学习有赖于此。我们倾向于乐观地认为你已充分具备转变心态，对冲突的态度、信念和价值观与本章的学习步骤相匹配，而且能因此逐渐变得更加包容、谦逊和更有人情味。

如果这一切都是真的，那么你已经做好了充分的准备！

没有所谓的"准备就绪"

我们乐观地认为,你已经做出了最大的心理转变:你知道准备的一部分就是接受自己还没有完全准备好。这才是更重要的事情。事实上,你永远不会完全准备好。完全准备好,是不存在的事情。

毕竟,如果你完全准备好应对冲突,这很可能意味着你已经准备好向对方提出你的解决方案,解决需要解决的问题,并期待他们表达深深的感激之情。你是否还记得本书第二章中克里斯精心策划的家长会?那是一场彻头彻尾的灾难,他根本没有真正准备好。相反,他制造了一种虚假的准备状态,一种旨在让自己放心的准备,而不是有效参与。

要真正做到为冲突中的艰难对话做好准备,你就得认识到:对于将会发生的事情,你无从知晓,也难以预测、无法控制。克里斯忘记了适用所有冲突解决的一个核心原则:只有在真正合作的情况下,艰难的对话才有可能发挥作用。没有人能预测出将要发生的绝大多数事情。

> 要真正做到为冲突中的艰难对话做好准备,你就得认识到:对于将会发生的事情,你无从知晓,也难以预测、无法控制。

然而,你可以预测一件事情:为确保会谈取得成功,你需要学习。你尚不知道自己不知道什么,但是当你有效地参与冲突时,你肯定能学有所得。

所以,一旦你觉得自己还没有完全准备好,那么事实就是你可能已经做好准备了,即使你仍有些紧张。请接受自己的无知和失控,即使它们有时可能会让你感到恐慌。因为你是一个人,你在一开始就希望知晓自己将要陷入何种境地,这表明你的心态已经有所转变,你变得能够接纳准备不足以及随之而来的些许紧张感,这时候你就可以开始行动了。

关键谈话真的、真的意义重大

即将到来的关键谈话并非时间表上的某一时刻,它的意义远大于此。毫

> 即将到来的关键谈话并非时间表上的某一时刻，它的意义远大于此。

无疑问，进行这场艰难的对话是一件非常重要的事情。虽然本章就如何在会谈过程中采取必要的步骤和策略提出了非常具体的建议，但是先让我们一起来面对现实吧。几乎可以肯定，这次交谈之后，你将还需要与对方进行更多的谈话，除非你们都是沉默疗法的杰出实践者。否则，你们现在可能已经零零星星地进行过多次谈话了。把所有这些都加在一起呢？是的，它就成了真正重要的谈话。

心态真的非常重要，其原因与关键谈话意义重大的原因类似，这两者都与你做了什么不大相关。相反，它们关乎你如何做。心态转变改变了你看待人、事和环境的方式。心态改变着你的认知和价值观。关键谈话的机制也是如此，通过理解力、有效的技能以及适宜的态度，你将与对方以及其他人开展重要的交谈，因为你就是这样的人。

事实上，你可能会决意认为，真正的关键谈话还有另一个名字：生活。

是的，任何转变都不可能在一夜之间得以完成，更不可能仅仅因为读了某本书而得以实现！你只有通过与对方进行切实、具体的关键谈话，才有可能改变你的冲突应对方式。你必须当真，练习时要好像这就是你接下来与对方要开展的实际谈话。有些谈话可能比其他谈话更为有效，每一次谈话都会给你提供更多的学习机会。你不必追求完美。事实上，你也不可能做到完美。

因此，请你认真参与每一次谈话，好像它们就是"那一场"真正重要的关键谈话的一部分。每次谈话都重要，但每次谈话并非全部。谈话只是穿越冲突之旅中的一步，穿越冲突之旅非常迷人，我们可以不断学习。一旦我们知道每一次的挫折不过是穿越冲突之旅中向前迈出的一步之后，我们就会更平静、更轻松地面对接下来的一切。

希望你已开始拥有同样的感觉，它足以表明，当下的你正处于冲突解决的领导位置。

把握领导机会

试着在艰难对话中承担领导角色,这是让事情变得更容易的第四个原因。我们敦促你发挥领导作用,并不是因为这可以带来道义上的优越感(不是的,请相信我们),或是一种有效的策略(是的,请相信我们)。恰恰相反,在冲突中,领导立场几乎能保证包括你在内的每个人都得以更轻松地处理整个事件。

克里斯和克里斯蒂娜曾不止一次经历过艰难的对话。在这些对话中,无论是否愿意,我们各自都必须承担起领导角色。即使冲突没能得到彻底解决,这些对话也进行得出人意料的顺利。我们会尽可能地做好准备;很清楚自己的理解力、应对技能以及心态是适宜的;都把这次对话当作真正重要的会谈部分,而非只是一次随意的聊天。

最重要的是,我们在讨论中通常采取领导者的立场,并以此制定出相关的合作条款、建立同理心的基调。即使面临自己与教职员工发生的冲突,我们也会这么做。

以下是克里斯的故事。

多年来,幼儿园遇到了一个又一个问题,经历着一次又一次转变。就在过去的几周里,我们园里发生了一系列事件,结果,多位家长与家庭事务部门的工作人员发生了冲突,他们还扬言要带孩子离开我们园。我一直在通过各种方式努力解决各种问题,但是实际的混乱还是远比我所预想的来得要快。

一天下午,我看到一位家长来园接孩子,她算得上是当下最沮丧的家长了。我和她女儿的关系很好,我知道她和她的婆婆都被深深地卷进了班级的冲突困境中。当我在办公桌前再次抬起头时,我看到她把孩子的奶奶也带来园里,这足以表明,现在事态已发展到令人担忧的程度。孩子的妈妈和奶奶看上去很生气。

看见她们的那一瞬间,我其实想关上玻璃门,躲在计算机后面不露面。这一天相当漫长,现在我已经筋疲力尽,但我马上意识到:"我可能确实还没有做好准备,但是我清楚自己该干什么。"于是,我走出办公室与她们面对面地谈谈。

我开门见山地说，我已经知道她们非常担忧，并询问她们具体担忧的是什么。当时，她们正坐着，于是我跪下来与她们保持眼神交流，倾听她们诉说。当她表达愤怒和沮丧时，我点点头，重复了她们的话，并不时地用"这很有道理"和"我也看到了同样的事情"等话语进行回应。

听完她们的表述并证实了她们的担忧之后，我告诉了她们更多实情。我说，我已意识到这些问题的严重性并且正在努力着手解决。我承认按照机构现有的程序行事，事情的进展通常会比我们所希望的要慢。我告诉她们，虽然有些实情不便说，我必须保密，但我承诺会让大家尽可能充分地了解实际发生的各种状况，而且我办公室的门始终会向她们敞开。

最后，我向她们致谢，感谢她们与我分享自己的愤怒与沮丧。我说："我知道，你们生命中最重要的那个人就在我们这里，但是你们与我们的教职员工发生了冲突，这是一件非常难办的事情啊。"同时，我也说："真的非常感激你们能做到这些。"

孩子的妈妈向我致谢，而奶奶……没有表示出感激之情。我没能解决问题，事实上，我根本没有采取任何行政措施。我只是带头对家长的感受予以肯定，并向她们保证我们之间的关系是真实的、备受重视的，值得好好维系下去。

第二天，当我再次见到孩子的妈妈时，她面带笑容，没有生气，我们聊了一小会儿。这一小会儿就是重要的谈话时刻，是整个重要对话的一部分。

接下来是克里斯蒂娜的故事。

在幼儿教育机构的领导工作中，最有挑战性的是给予教学团队支持。在我看来，把教师的才能和特质恰到好处地整合起来是一项相当艰巨的工作，而要如此对待整栋教学楼中的所有教师，简直就像解决一个无比复杂的谜题一样。它要求领导者拥有大量的实践经验和专门的策略，有时还需要进行多次试验。

有一次，我的教学团队出现了大家难以相处的局面。教师 A 觉得，并不是每个人都做好了自己的分内之事，教师 B 觉得每个人都在背后议论他人，教师 C 只想让每个人过得去就好，诸如此类，不一而足。他们曾多次试图一起解决这个问题，但是每次努力的结果是更多的翻白眼、大喊大叫或流泪哭泣。

在又一次经历特别糟糕的团队互动之后，他们叫上了我，让我一起参加他们的讨论以促成"问题解决"。我当然知道没有什么神奇魔法能让这个团队（或任何团队）立马团结起来，特别是当下他们还得面对几周以来累积的巨大情绪。不过，我也知晓这是一个天赐良机，一个有助于强化我信奉的领导品质的好机会，即面对困境时，表述要采取客观中立的态度，并使用以儿童为中心的语言，重视自己能做出的贡献，考虑他人的观点，而且要学会与问题共处，不要急于"解决"问题。

活动中，我没怎么说话，大部分时间都在倾听。我说话时经常引用别人的立场或话语，重述他们已经说过的话的同时试图在不同看法之间建立联系。不管怎样，我没有推行自己的解决方案。相反，我想让他们听到他们自己的以及团队里其他人的真实想法和思路，我帮助他们看到彼此之间的一致性。等到大家开诚布公，我们才开始提出不完善的可能性解决方案。

你可以想象出结局——我们没能选出一个解决方案。但大家确实坐在了一起，说出了自己的看法和感受，明确了为儿童工作的共同目标和价值观，并探讨了作为团队重新建立联系的可能方法。问题尚未得到解决，但散会时，我们都获得了一种前所未有的共同合作的平静感受。我们共同学习如何以不同的方式发挥好团队作用，都向前迈进了一步。

上述两个案例中有许多前几章曾出现的细节。是的，我们都决定面对冲突、介入冲突，而不是回避它、远离它。我们都试图通过尊重他人的观点来获得学习。当然，克里斯有克里斯的风格，克里斯蒂娜有克里斯蒂娜的风格。不过，在面对不完美以及紧张而混乱的局面时，我们都尽可能做到镇定自若、从容处之。

在实际谈话中，我们都充分发挥了领导力的作用，领导力是以本书阐述的技能、观念和心态为基础的。我们都迈出了合作讨论的第一步，发起了讨论并始终参与其中；我们都知道自己尚未弄清一切并坦诚地接纳这一点；我们明白,这类谈话中更重要的是实际作为而非具体的解决方案,并运用具体的策略确保在谈话中发挥好引领作用。这些策略如此简单,易学易用,以至于很容易让人忽视它所蕴含的惊人力量。本章接下来的内容就是这些具体的策略。

大道至简。基于领导立场展开冲突解决的具体行动,几乎总能让问题变得更简单。所以,现在让我们从冲突本身开始吧。

谈话第一步:从实际发生的事情开始

本书第四章中罗宾和帕特的案例表明,每一次艰难的对话都裹挟着认知、情绪和身份,是三合一的。对话激活了我们熟知的沮丧、失望、愤怒、羞愧等各种情绪,让我们理性不足、情绪受困,身份也在某种程度上受到威胁。

初次谈话中,你可能就会忍不住询问对方的感受以及与身份有关的内容,想立马切入问题的要害。然而,一旦你与某人实际发生冲突,其实你并不太可能会就复杂的感受以及受到威胁的身份感进行开诚布公的讨论。毕竟,当此之时,你们之间的信任感尚且薄弱甚至完全缺失,并没有开诚布公的谈话所需要的安全感和亲密感。

前文有关大脑状态的内容提醒我们,当你陷入糟糕的感受以及身份认同问题时,你的大脑就有可能从执行状态转向情绪状态,甚至可能会更糟糕。每当你进入艰难的对话时,都应以学习为目标,学习如何找到一种熟悉的、合理的以及合作的方式,更好地谈话。

> 幼儿教育工作者接受过儿童观察方面的技能培训,这让冲突中的我们获益匪浅。

值得庆幸的是,幼儿教育工作者接受过儿童观察方面的技能培训,这让冲突中的我们获益匪浅。幼儿教育工作者每天都必须在活动中观察儿童,密切关注他们的身心发展状况、应对变化和挑战的状况,还要密切关注他们的优势发展领域。

在此过程中,我们始终警觉自己作为教师的个人偏见、偏好以及主观评判。克里斯曾在儿童发展课程中讲授"观察法",针对每次观察记录提出了

SOAR原则，即具体（specific）、客观（objective）、准确（accurate）和负责任（responsible）。尽管你可能会使用不同的缩写来记忆，并在观察记录中运用其他相关原则，但是所有的幼儿教育工作者都非常清楚，高质量的儿童观察评估记录到底有多重要。

这需要专门练习。请看下面这则儿童逸事记录，这是一个刚入行的学生写的：

普雷舍斯感到非常沮丧，因为她没有得到玩玩具的机会。她大吵大闹，在小组活动时坐不住。看来教师一定很喜欢她，因为她对普雷舍斯的很多不良行为都很宽容。最终，普雷舍斯还是乖乖地坐着听故事了。需要和这个孩子的妈妈好好谈谈了！

这则逸事记录的内容明显不符合SOAR原则！让我们一起来看看具体存在的问题。

- 不具体："坐不住""对普雷舍斯的很多不良行为都很宽容"。
- 不客观："坐不住""不良行为""需要和这个孩子的妈妈好好谈谈了"。
- 不负责任："教师一定很喜欢她""需要和这个孩子的妈妈好好谈谈了"。

上述问题会让人们怀疑儿童观察记录的准确性，对不对？何况，那么多专门术语到底是什么意思？

我们再来看一段遵循SOAR原则的记录。

普雷舍斯站在另一个孩子的旁边，时不时地摆弄着自己的小手，等着另一个孩子结束与她很想玩的娃娃的游戏。这时，教师让所有孩子到地毯上去，准备开始集体活动。普雷舍斯环顾了一下四周，说："可还没轮到我呢！"她泪流满面地站在角色扮演区旁边。当教师叫她过去坐下时，她拒绝离开。

几分钟后，在教师的引导下，普雷舍斯走到地毯上，找到自己的位置坐了下来，但她一直看着角色扮演区，还不时地站起来走到那边。教师坐在她的旁边，安慰她说等读完故事就可以轮到她了。每次普雷舍斯坐下来后都皱着眉，手臂交叉放在胸前。在试着离开了两三次后，她把注意力转移到另一位正在看书的教师身上。

这则逸事记录更容易让人身临其境般看到实际发生的事情。它描述得很具体，所提供的生动细节有助于我们看到实际情况；它描述得很客观，每个目击者都有可能写下这样的记录；它很负责任，记录中没有指责、评判，孩子就是孩子。

面对成年人之间的冲突，记录中的SOAR原则同样重要，否则事情很快就会变得一团糟。不知道你是否还记得罗宾和帕特？如果你想再次了解两个不同视角下的叙事，可以回到本书第四章再读一读他们的故事，他们完全没有遵循SOAR原则！以下是第三方非参与性观察者基于SOAR原则所做的观察记录，你可以将其与他们的叙事比较一下。

帕特和罗宾在一起工作。帕特是在这个社区长大的，而罗宾不是。在教职员工讨论中，当罗宾发言时，帕特经常靠在椅背上默默地看着天花板。当帕特发言时，罗宾往往会转向同事并与他们讨论这个话题。

罗宾花了大量的时间和精力与这个社区的家庭建立关系。帕特经常介入罗宾与家长的谈话，用言语提供帮助。当帕特这样做的时候，罗宾通常会停止与家长的交流，退出讨论。

罗宾经常与园长交流，在其办公室或走廊里聊天。帕特从来没有进过园长办公室，也从来没有和他进行过非正式的交谈。园长曾问帕特他们之间的关系如何，帕特微笑着说："很好！"当时，罗宾正站在一旁看着。

帕特在与一对母婴交谈，内容涉及母亲必须填写的一些行政管理表格。罗宾走上前去主动帮助帕特和这位母亲，之后帕特走开了。

罗宾和帕特应该都会完全同意这段叙事所描述的情况，因为它符合SOAR原则。这是把事情搞清楚的关键一步。

请和你冲突中的对方一起运用SOAR原则描述你们各自观察到的内容，以此开启谈话。你们各自虽然对这次冲突的感受大相径庭，但想要找到应对冲突的办法就必须对冲突中的基本细节达成一致意见。请务必注重具体的细节，因为概括性的分类会把事情弄得更混乱；同时尽量保持客观的态度，以便每个人都能对所发生的事情达成一致看法；还要注意描述准确，因为带有判断味道的不准确会破坏信任。最后一点是要负责任，诸如假定意图、玩

"捉迷藏"游戏的推断以及如"总是"和"从不"这样具有破坏性的话语,其实都是不负责任的。

接下来的穿越冲突之旅将会更加棘手,不过,现有的具体、客观、准确和负责任的详细信息已经为进入下一步铺平了道路,而且我们还有被命名为"迂回"的专门工具,足以让事情的推进变得更顺利。

谈话第二步:用迂回的方式应对冲突

现实世界没有魔法棒,冲突世界更不存在魔法棒。但"迂回策略"就像一支魔法棒,对各种冲突都能发挥至关重要的作用。本节将向你展示为什么这支魔法棒能成为你工具箱中的最佳工具。

迂回策略不仅是开启关键谈话的一种简单方式,而且能让冲突对方受益。让对方讲述自己的故事,正好可以表达他们担心你会忽略、争辩或抹除的那些内容。此外,它还可以启动你旨在寻找共同方案的合作努力。因此,这一"迂回策略"不仅有助于应对冲突,也有助于维持致力于共同努力的良性关系。

听起来很棒,对不对?接下来就是对迂回策略的阐述,具体包括询问、重述和承认三个部分。

询问

当有人问"你好吗?"并且是真心实意地询问你的时候,一些美妙的事情就发生了。日常生活中,我们大多数的社交寒暄通常是空洞的,只是摆出了某种联系的姿态而已。可就在这一声真情实意的询问中,你突然发现世界上居然有人那么关心我们,以至于他们愿意停下来,把我们的生活片段纳入他们的生活中。

大多数人只是随口说说"你好吗?"这句话,就像你随口说出"早上好!"或"嗨!"之类的话。这与其说是个问题,不如说只是一种礼貌性声明。

但我们确实需要学会在冲突中认真地提出"你好吗?"这类问题,要以真正的询问为导向,这就为开启冲突中的对话铺平了道路。

你之所以会提出问题,是因为你想得到答案,而不是因为你想提供自己的答案,从而与对方重建联结。当然,如果你正在探寻如何与冲突中的"那个人"建立联系,那么"对方"这个词就开始显得有点过于冷漠与疏离。因此,从现在开始,我们将不再使用"对方"这个词,代之以更适合你们一起应对冲突的词语,即"合作者"。

最好的询问方式就是先从回顾冲突的具体情况开始。为了起到引领作用,你应该从合作者的角度出发,而不能从自己的角度出发。为此,你可以运用以下这个简单好用的句式:"那么,你能否从你的角度告诉我发生了什么事情?"

就这么简单。你要做的就是看着合作者的眼睛,停顿一下,询问他们发生了什么,这就是你的冲突引导方式。它在我们的生活中很少发生,也正是因为它的罕见性赋予了这句话作为一种联结行为以及尊重行为所具有的非凡力量。

你一旦提出这个请求,就必须接着做第二件事,一件人类社会相当罕见的事情:闭嘴、保持眼神交流、竖起耳朵且全身心在场。

你需要保持积极倾听。

我们俩经常相互开玩笑,因为多年来我们俩必须学会如何更好地积极倾听对方。很大程度上是因为我们俩的想法倾向于一致,我们俩总想说完对方没说完的话,也会大声喊出"你说对了!"等打岔的话。这是我们俩关系本身的问题,所以我们俩都必须努力提高自己的倾听技能。

实话实说……我们俩中的一个人比另一个人更需要学习这项技能。克里斯倾向于通过说话来思考,在很多情况下这都是一种完全可被接受的个性特征,但它不适合冲突情境。很多时候,克里斯都能看到克里斯蒂娜带着一种自娱自乐的神情在微笑着点头,这足以提示克里斯,他在刚才又忍不住表示肯定、做出补充或热情地给予口头上的高度评价。这些都属于积极的插话,可再怎样也无法抹去这样一个事实:克里斯作为一名男士,无意识间觉得自己有权打断克里斯蒂娜这位女士的发言。

不要误会,相互表达支持是件大好事!但是,在冲突中,可能压制他人叙事的支持就不是真正的支持。特别是当这个人插话进来,对他所打断的看法阐述自己的解释时,更不能被看作真正的支持。克里斯蒂娜在倾听时保持沉默,这是一种亲切、友好的沉默。可问题是,如果一个男人向一个女人解释她的想法呢?这可能是问题的一部分。

正因为如此,多年来,当克里斯对克里斯蒂娜或其他人提出问题后,他会使用一个特别的手势来跟进倾听:把手放在嘴上。克里斯知道他能做好自己该做的事,他所开发的简单工具确保自己可以闭嘴并能保持闭嘴的状态。有时,克里斯用自己的手做到了大脑无法做到的事情。

因此,询问包括相辅相成的两部分:提问和提问后的安静倾听。两者缺一不可、彼此互补。你需要同时做好这两方面的探究,确保迂回策略后面的两部分得以顺利进行。

> 询问包括相辅相成的两部分:提问和提问后的安静倾听。

重述

多年来,我们一直在斟酌该用什么词语更准确地描述这一步。我们曾使用过"意译"(paraphrase)这个词,并将它定义为用不同的词复述别人所说的内容。你看,这就是问题的开始,当你选用不同的词语时,你就是在给自己找麻烦。这时,你使用的对等词恰恰成为彼此争论的焦点;你的概括不但未能把握住某人复述的精髓,反而遗漏了最重要的部分。

所以,我们把迂回策略的第二部分限定为重述他人说过的话。冲突中,你需要清楚表明你已经认真倾听对方所说的话;让冲突中的合作者听到从你口中说出的他们的观点和经历。这就是重述他们对你询问的回答,你需要使用与合作者相同的话语。与转述或概述相比,重述行为的解释性更低,这一点很关键,尤其是当彼此之间的信任尚且不足时。

有些重述方式相当直接。当你的合作者已经基于自身角度将所发生的事情告诉你之后,你通过重述他们的话来证明你认真倾听且重视他们说的话。如果你很小心,那么要做到就很简单。重点在于重述他们基于自身立场的客观描述。当然,人们在情绪激动时会冒出防御性言语,有时甚至是攻击性言语，这时你只需要重述中立的那些话。

我们再次提醒你，你如何做事比你实际所做的事更重要。确实，重述别人的话足以表明你关注他们所分享的内容，而且尊重他们的分享。可是，一旦你边翻白眼边鹦鹉学舌般进行机械的重述，那么你绝不可能让事情变得更好。相反，一切只会变得越来越糟。

心态决定一切。当你对合作者的话进行重述时，你需要充满尊重，充分尊重他们的观点，要把发生在他们身上的事情视为与你的同等重要，要有了解他们感受的动机。

值得庆幸的是，在冲突中，迂回策略的第三部分不仅可以推进谈话，还能确保你的心态与事情的轻重缓急合拍。所以，最后这部分就像你的保险单，确保你确实是真正地迂回前行。

承认

承认不等于同意。

请再读一遍。

这句话实在太重要了，所以希望你能在便签纸上写下这句话，并把它贴在你的计算机显示屏上。它的重要性甚至值得我们建议你将它刻下来。哈哈，开个玩笑。在深入探讨它为何如此重要之前，让我们先来了解一下这项技能。

承认是对合作者立场的合理性的一种申明。作为迂回策略的一部分，承认可以证明你的合作诚意和可信度。毕竟，如果你不承认你刚刚重述的内容，实际上，你只不过在与合作者玩游戏，一场不真诚的游戏。承认对你和合作者都有好处，首先承认他们口中说出的话，其次承认你说出的话，由此确认彼此话语的有效性和合理性。

实际做起来十分简单。承认别人说过的话（需要你重述），这要求你说出类似的短句："是那么回事""我真的明白了""这似乎完全合理""当然是这样"，并且意思明确；同时，你需要进行眼神交流，点头赞同。

轻而易举，对吧？小心……实际做起来也许没那么简单。

当研读上述短句时，想一想合作者，你是否会不自觉地给它们添上一些词句？比如："是那么回事——从你的角度看""我真的明白了——可你还不明白""这似乎完全合理！——如果你没有说出所有事实的话""当然是这样——你当然会这么想！"。

如果你的脑海中不断冒出类似的话，这说明你亟须调整自己的心态。在应对冲突的过程中，你应当把合作者的观点视为有效且合理的。换言之，是时候停下来，不再把合作者当作方便的、虚构的挡箭牌，保证你在冲突中故步自封、确认偏见以及捍卫自己的立场。是时候去充分认识他人的人性了。

承认需要这种认知，也拓展着这种认知，这就是在应对冲突的过程中每一步都需要以承认为基础的原因。要把自己的心态调整到合适状态，最佳方式就是保持本节开头提及的情绪状态。

承认不是同意。为了让承认发挥作用，你需要时刻牢记本书第五章分享的彼得·埃尔伯的见解："你总是对的，你也总是错的"。

在关键谈话中，承认对你意味着什么？我们希望你能不断地提醒自己：承认他人观点的合理性并不会削弱自己观点的合理性。相反，你的观点在合作者眼中具有多大的合理性，取决于他们的观点在你眼中具有多大的合理性。在推动你走出冲突的学习型对话中，你们双方的看法都在对话中互相影响、共同拓展。

> 承认他人观点的合理性并不会削弱自己观点的合理性。相反，你的观点在合作者眼中具有多大的合理性，取决于他们的观点在你眼中具有多大的合理性。

所以，如果你担心自己的防御心理和判断会阻碍你更好地应对冲突，那就开始练习承认这一方法吧。值得庆幸的是，这样做的机会很多。在你无须表达同意的情况下，客户投诉、抱怨家务的孩子等都在慷慨地为你提供练习机会。承认就是这样，是相当有用的一个方法！

谈话第三步：重申不同的观点

接下来这一步的基础是尊重合作者的看法，你需要和合作者对你们俩都认可的内容范围进行拓展，这需要你有足够的知性谦逊（见本书第三章），即你自己的看法是有限的，面对任何解释，你都抱有好奇和谦逊的态度，这才是关键所在。

在这一点上，由于你已经做到了询问和承认合作者的观点，所以你初步形成了某种知性谦逊感。我们希望你的合作者们也做了同样的事情，从而也给你机会。不过，即使他们没有这么做，你也可以通过探索其他可能存在的观点来迈向下一步。

作为幼儿教育工作者，我们的工作极具社会性。我们通常以团队的形式工作，每天要与幼儿家长等监护人联系。我们大多数人都在项目或机构中工作，管理者来来往往，园长、教学指导教练和教育协调员等整天都和我们交流。最不容忽视的是，我们始终在与孩子们互动，每天不下数百次。

无论我们是否愿意，冲突就穿行在由所有这些关系及其互动所构成的网络之中。这意味着，应对冲突时你需要考虑的观点远不止你和合作者所分享的观点，哪怕你们讨论得再详尽，也不够。

当然，除了你们彼此分享的观点，你很难了解所有其他的观点。但是，你可以从询问谁还受到你们之间的关键谈话的影响开始。接着，你们一起推测这些受到影响的人可能有些怎样的看法。

为此，罗宾和帕特的案例可以帮到你。你可以试着想想，对于罗宾和帕特之间的冲突，他们的同事会怎么看？是否会影响他们对罗宾和帕特本人的看法？家长又会怎么看？特别是当他们来寻求教师们的帮助时总会发现自己陷入莫名其妙的争论中，他们会有什么感觉？最重要的是，置身其中的孩子们会有什么样的感觉？

上述这些问题都值得你们一起花时间专门进行探究，要有好奇心，你们的目标不是找到某种确定的解释——你的知性谦逊应能抑制这种冲动——而是为了学习。现在，是时候了，你该扩展你们对冲突的理解、超越你们的观点以及意图，转而考虑行为影响了。

这就引出了关键谈话的最后一部分。

谈话第四步：考虑贡献（避免指责）

在一个完美的世界里，你会从一开始就走到这一步，你会说："让我们一起坐下来，看看今天这个局面是怎样造成的，并保证它不再发生。"不过，我们都是不完美的人，你和合作者先要有一定的相互理解、彼此信任，以及处理冲突的一些技能才行。

最重要的是放弃指责。几乎可以肯定，你和我们一样，一开始总会尽力去指责对方，最初我们参与冲突的主要动机就是指责对方。现在，希望你能在看到指责的局限性之后，减少这种冲动。指责会导致你无法看清其他有利因素，但任何冲突中总是存在很多有利因素。

幼儿教育工作者的一系列贡献持续地被忽视，这与幼儿教育和幼儿教育工作者本身的价值被严重低估有关，幼儿教育工作者因此受到影响。有关儿童发展及其学业成就和终身学习的所有研究都表明，地球上最重要的工作莫过于幼儿教育。然而，幼儿教育工作者实际上却在为教育资源、职业认可和尊重而奋斗。

我们相信，很多美国幼儿教育工作者之间发生的冲突都深受本国幼儿教育中的系统性不平等影响。低工资意味着，收入远远低于我们所应得的；医疗保健和其他福利缺乏，令我们的工作压力更大、更不健康。社会服务网络覆盖率低，那些受虐待、忽视、食物不安全及其他挑战影响的儿童及其家庭很少有选择余地，我们只能在几乎没有工具支持的情况下为那些受创的幸存者提供服务。

另外，幼儿教育领域存在着广泛且根深蒂固的结构性不平等。照顾幼儿是传统意义上也是现实中的女性职业，性别歧视贬低了我们每天所做的"仅仅当保姆"的重要工作，而保姆工作通常意味着主要身份是服务社区的女性。并且，结构性的种族主义也贬低了黑人、拉丁裔和土著女性以及其他有色人种女性所从事的重要工作。

这些始终存在的结构性不平等现象构成了幼儿教育工作环境，有鉴于此，我们要理所当然地与冲突做斗争。我们始终希望在冲突中承认这些不平等现象，并将其视为真正的贡献，哪怕只是承认这些不平等就已经做出真正的贡献,尤其是在冲突中的不平等因素还不明显的时候。以下两个例子有助于说明这一点。

在幼儿园工作中,克里斯总是在讨论某个无法解决补助问题的家庭时与团队产生冲突。乍一看,这个家庭一再错过预约是因为粗心,但这样的指责是一种不充分且不恰当的误解。

产生这类冲突的问题清单很长:招聘问题、培训问题和人力资源部门的资金不足;仅限英文材料;办公时间不足;以及糟糕的公共交通系统,无法抵达该家庭所在的社区。当我们走进一个家庭,与他们讨论悬而未决的补助问题时,他们可能已有过十几次失望的经历。

接下来的这个例子更常见。

为了指导那些难以教导有复杂行为问题的孩子的教师,克里斯蒂娜和克里斯都花了很长时间。人们通常很容易孤立地看待教师和孩子之间的冲突,但同样存在一长串的其他因素助长了这类冲突。

幼儿教育准备项目极少提供处理复杂行为问题的拓展性课程体系和实践培训。尽管以研究为本的方法论为基础,融入创伤响应式照护很少被纳入绝大多数项目所使用的培训课程、教师专业发展以及教师指导系统。与此同时,家庭中难以应对类似行为的家长也很少能获得相应的服务。在绝大多数的学区里,经历着离开幼儿教育机构、进入教育衔接过程的孩子们正面临更严重的支持减少问题。

> 我们所处社会的结构性不平等几乎是导致幼儿教育领域所有冲突的一个原因,特别是那些貌似不存在不平等问题的冲突。

我们所处社会的结构性不平等几乎是导致幼儿教育领域所有冲突的一个原因,特别是那些貌似不存在不平等问题的冲突。已有经验表明,虽然认真考虑这些相关影响因素可能发人深省,但对于了解我们寻求解决问题的真实程度是有所助益的。

此外,你和合作者对结构性因素进行开诚布公的考量,可以让身处冲突中的你们有机会表达解决问题的诚意。大家都生活在一个不完美的世界里,都在尽已所能地做到最好。你们即使各有所求，但也都是应对冲突的有利因素。

我们早在本书引言中指出，任何冲突几乎都是相互的。你所遭遇的每一场冲突里其实都有你自己的贡献。

这种认识再一次为你引领冲突解决进程提供了机会。我们发现，在迂回策略中表达对他人观点的承认时，我们通常会不由自主地加上一些出乎意料的话语，比如"我知道我那么做多么令人沮丧""哦，你就是这样看待我的行为的！"，还有"哇，我没意识到我会那样！"，这类句子其实都是在承认自己对冲突所做的贡献，即使意图是好的，但我们通常没有意识到其影响。

秉持正确的精神承认自己在冲突中的作用是非常有力的行为。一如既往，重点在于你怎么做，而不仅是你做了什么。面对冲突谦逊地承认你也是同谋，这是很管用的一种态度。若带着讥讽说"所以错全都在我！"，效果则不然。另外，你要保留自己的故事，要有自己的立场。毕竟，所有冲突几乎都有相互性，你们的冲突中当然也有合作者的贡献。

如果你们真的围绕冲突贡献展开了合作性对话，那么你们很可能会获得有关冲突的更多洞察和领悟。你可能想分享其中的一些，比如，这是解释为什么当有人无意中做了或说了某事时，你会产生强烈的不受尊重感的好时机。同时，你也可能注意到一些见解相当重要，但不适合与合作者分享。那就记在心里，或写在笔记本上，记得之后再次面对它。如果忽视它，你们的冲突就无法得以真正解决。

无论是在对话中抑或是独处时，你所认出的每一个冲突贡献其实都是一次次更深入地了解冲突的好机会，它们有助于你更好地应对冲突。不过，你要将这些洞察融入广阔的生命对话中，才有可能一再获益。你所有的领悟都属于你想忘掉的历史，但你在冲突中寻找出路的同时，正是你走出自己人生道路的过程！

推进关键谈话

仔细倾听，承认彼此的故事，探索其他观点及其作用。

本章列出的策略是应对冲突的关键策略。倘若没有它们，我们根本无法解决冲突。我们相信，其他有效的策略在某种程度上都以不同的方式与上述策略结合。

不过，本章聚焦于关键谈话，讨论如何做所要做的事。

倾听、承认、探寻观点及其作用等都是幼儿教育工作中的常见方式，甚至可以说是融入世间的行事方式。这些方式全都来自我们对儿童发展的最深入的认识和培训实践。

儿童发展的每一个阶段都需要成年人的倾听。婴儿的咿呀学语，2岁孩子向你展示他们的球、鞋子或手指，将要入园的孩子问"为什么？"，幼儿园的孩子们在解释恐龙的分类。每个孩子都需要有爱心且细心的成年人，需要这些人倾听他们、承认他们的故事、接纳他们的观点。这是一种人类需求，我们相信所有成年人都有这种需求，当然肯定包括所有找到幼儿教育这条非凡职业道路的成年人。

每一个发展阶段都是发展过程中的某一个阶段。就像孩子一样，我们同样有着无穷无尽的学习机会，大脑在整个成年期仍然保持着转变和成长的能力。不管我们将之称为"终身学习""成长型思维"还是简单且谦逊的好奇心，对于我们每个人的专业发展而言，当务之急是把每一次冲突经历都视为学习和成长的机会。

总结一下，以下是关键谈话的行动步骤：

1. 从实际发生的事情开始；
2. 用迂回的方式应对冲突；
3. 重申不同的观点；
4. 考虑贡献（避免指责）。

这是一个持续的冲突参与过程。我们始终在路上，穿越冲突之旅永远不会有终点。

但你还是想要有个结论，对吗？你当然想要有个结论！

第八章
冲突中的学习永无止境

到现在为止，你肯定已经意识到我们实际上并没有提供能解决你冲突的具体办法。我们围绕前文内容举办工作坊时，总会有人问："嗯，不错，但冲突解决方案是什么？"在日常生活中，我们确实都希望有一个万能的冲突解决方案！

好……实话实说吧，本章作为全书总结，不会提供任何具体的结论和解决方案，但这并不表明我们不提供总结性的建议。我们的确有一些要点要与你们分享，这是一些最终的思考，你会觉得有价值。也许很不幸的是（但可以事先料到），我们没有应对所有问题的明确的最终答案，也无法提供能让你永远免受冲突困扰的万全之策。到此为止，我们希望你已经明白，世上并不存在这类东西。

特别是针对当下你正在应对的冲突而言，更不可能有确定的最终环节。我们俩历经艰难才认识到，即使只是预测这样的步骤都是一个危险游戏。穿越冲突，没有捷径可走。

现实生活中没有快捷便道，这正是戴维·彼得·斯特罗（David Peter Stroh）在《系统思维与社会变革：解决复杂问题、避免意外后果和取得持久成果的实用指南》（*Systems Thinking For Social Change: A Practical Guide to Solving Complex Problems, Avoiding Unintended Consequences, and Achieving Lasting Results*）这一重要著作中的重要观念之一。在书中，他基于研究探讨了如何解决复杂的问题、如何避免意外的后果，以及如何获取持久的成果等问题。通过阅读本书，你已对他的有些观点有所熟悉，比如警惕指责的同时认识到"我们会在无意中制造自己的问题,并在行为改变中解决这些问题,从而获得至关重要的控制感和影响力"(Stroh,2015,p.15)。在很大程度上,这句话堪称本书的核心理念。

斯特罗运用系统思维解读社会变革,这种思路改变了我们对冲突的看法,敦促我们讲系统的故事,并从多元视角描述问题情境、承认每个视角的现实合理性。与解决冲突一样,上述行动需要持续的合作,冲突双方需要彼此协作来共同解决问题。没有哪个人能够独自完成这些行动,也没有哪本书能改变这一事实。

斯特罗对传统思维和系统思维进行区分,由此揭示出人们期待的"最终结论"所存在的问题。人类是激进的、变动不居的。我们所建立和实施的系统也是变动不居的。一切都在变化着、流动着、发展着,你无法让生活固定下来。

与此同时,人类本性渴望固化问题。我们总是想把问题孤立起来,认为这样才好解决。斯特罗认为,传统思维存在的核心问题在于:我们错误地认为,"为了优化整体,必须优化部分"(2015,p.15)。在冲突的世界里,传统思维的运行方式也一样:为了解决关系互动问题,人们自顾自地忙着那些应被固定、移除或替换的离散因素。

遵循斯特罗的思路,我们已经认识到,面对冲突,这种传统思维本身就是问题的一部分。那些所谓的快速解决办法以及待办事项清单会让我们陷入更深的冲突中,从而无法看清冲突运行的实际方式、细微差异以及复杂性,并且始终难以触及冲突产生的根源,更谈不上解决冲突。

因此,我们建议你采纳系统视角来面对冲突。正如斯特罗所敏锐洞察到的,"要优化整体,我们必须改善各部分之间的关系"(2015,p.15)。他以此解决世界范围内的一些重要组织中的大型社会问题,这些组织包括世界疾病控制中心和世界银行等。我们相信,对幼儿教育工作者来说,这一洞察同样具有强大的力量——人际冲突与社会问题具有同等重要的价值。

为此,和斯特罗一样,我们也敦促你抵制住那些聒噪的急功近利的冲动。你如果真的想解决冲突,就必须致力于改善冲突各方的关系,即使有些关系是结构性的或超出了你的控制范围。而且,斯特罗认为每个人都可以"在行为改变中解决这些问题,从而获得至关重要的控制感和影响力",我们也有着与此相同的观点，斯特罗是对的。冲突中，你们改变各自行为所能产生的影响远比你想象的更大。何况，唯有基于"关系向前看"的心态才能在冲突中找到出路。

正如我们在本书引言中所解释的那样，冲突解决之道重在形成置身冲突时的应对技能和良好状态。我们希望你能穿越任何冲突，这里的"穿越"同时包含着字面上的"通过"和实际上的"解决"两层含义。是的，我们希望你能面对任何冲突，走出属于自己的冲突解决之路。而且，我们还希望你能利用冲突找到自己前行的人生之路，因为冲突不过是一种手段和途径。

> 冲突解决之道重在形成置身冲突时的应对技能和良好状态。

到目前为止，你所学到的一切是你掌握娴熟的冲突应对技能的必要条件。面对现实中的冲突时，你需要应用那些实实在在地发展起来的技能、理解力以及心态。

新工具箱里的工具

当遭遇冲突时，你将看清它的本来面目，这是换位思考的一种基本方式。现在，你已能意识到冲突中的每个人对冲突的定义都有所不同，能看到探索这些无法避免的不同观点的价值。

你已经知道如何通过反思冲突中的最初反应来形成特定的个人反应，并承认自身对冲突的影响，从而将冲突应对方式从习惯反应转化为情境回应。你也已经知道，需要了解冲突中的自身身份及其表现方式。无论你是否喜欢，那些"你"都可能以各种方式在冲突中现身。

你已经掌握了如何从棘手的问题中进行学习的态度，比如不加评判的反思态度、谦逊的好奇态度和自嘲式的幽默态度等。你也已经知道要牢记它们，还要注意自己的大脑状态。

你已经为即将开始的关键谈话做好了准备，会通过各种方法为其奠定坚实的基础，比如审视自己的目标、支持资源以及风险，并始终留意自己的故事。

与合作者建立信任或重建信任的工具，将确保你妥善处理谈话中重要的逻辑部分。最后，你也做好准备在与合作者的对话中发挥领导作用，引领讨论进程，迂回拓展，充分考虑各种观点。

上述工具涉及理解力、技能和心态，当你与合作者面对共同的冲突问题情境时，它们有助于你们更好地开展合作。不过，相比以往任何一个阶段，当下这个阶段最重要的是彼此进行真正的合作。为此，你需要思考最后一个相当重要的问题。

选出正确的方法

本书只着重关注一种具体的冲突解决办法，那就是如何与合作者进行直接接触。结合你目前的情况，我们希望你已找到另一个愿意与你合作、共同确定下一步行动的人。不过，实际情况并非总能如此顺利。因此，在你决定采用这种方法之前，需要先考虑它的适宜性。

《哈佛商业评论》（*Harvard Business Review*）的编辑埃米·加洛（Amy Gallo）在她的重要著作《哈佛商业评论冲突应对指南》（*HBR Guide to Dealing with Conflict*）中列出了处理冲突的四种选择：

- 什么也不做；
- 间接应对；
- 直接应对；
- 退出这段关系。（Gallo，2017）

我们之所以选择只关注直接应对冲突，是因为幼儿教育工作者通常会避免做出这种选择。因此，我们写作本书的主要目的，就是帮助幼儿教育工作者逐步发展出直面冲突的技能技巧和镇定态度，即使不存在其他理由，这么做也有助于你与孩子合作，更好地共同应对冲突。

不过，即使在幼儿教育项目中，直接处理也并不总是最佳选择。请你记住，在某些情形下，加洛所描述的其他选项可能更适用。例如，有的冲突与一时的担忧或挑战有关，这时你也许什么都不做，只是静候冲突过去，就是正确的做法。又比如，如果你觉得自己无法与一个不尊重你的同事有效沟通，但你可以对你们的交流进行限制，那么用回避的方式间接解决问题可能更可行。另外，如果你可以通过切断从职业关系中发展出来的私人关系来解决某个冲突，那么你当然可以面对每一次聚会邀请时有选择地参加，拒绝某些邀请。在我们这个社交性很强的职业中，优雅地退出亦有用武之地，且经常出人意料地管用。

面对当下的冲突，你到底该选择哪种方法才合适？我们敦促你首先对这个问题进行仔细考虑。在此过程中，请留意你的焦虑情绪、不完美心态和恐惧心理，尤其在你的选择不是"直接面对"时，更要特别留意自己是否遭受虐待、不被尊重或其他严重问题的困扰。虽然同事、上司或人力资源管理者可以帮助你解决这类问题，但是，只要条件允许，请你勇敢一些，再勇敢一些，不要被恐惧牵着走。

只有你能决定正确的选择。我们将假定你就像我们俩一样，面对大多数冲突，直接解决就是我们的正确选择——即使在一开始，它并不是最有吸引力的选择方案。

做好临时响应

上述选择令人惊叹，目的都在于让你在冲突中做好临时响应。临时响应既不是某个步骤，也不是一项策略。它们不像菜单一样是个确定的方案，而是你可用作推动合作关系的方法，以此更好地对当前情境做出反应。字面上看，"当前情形"始终变动不居、具有暂时性，因此你的临时响应也是暂时的、不确定的。

与所有的冲突解决策略一样，在具体的冲突情境中识别和确立临时响应措施需要持续的合作。请把你在先前合作中学会的所有内容继续整合进来，因为冲突中的合作环环相扣，最初的协作会为接下来的所有工作奠定基础。

参与邀请

为了帮助一群人规划出共同前行的方案，最有效的办法莫过于让他们参与进来，提出想法并共同做出选择。在面对教室里孩子们的问题时，这种做法非常有效。比如，郊游时下雨了，谁的办法更好？大家在恐龙区遇到了排队问题，怎么办？领导一个个成年人的团队时，这种做法同样适用。人们更有可能参与并坚持那些他们在参与过程中能感到被看见和听见的解决方案。

这就是临时响应这种方式背后的基本原理。你需要再一次发挥领导作用，在提出自己的想法之前，邀请你的合作者提供意见。之所以这么做，并非因为你的想法不够好，而是因为它不是最好的启动方式。你可以试着想象这样一种情形：当你被迫接受他人强加给你的解决方案或预定结果时，问题能否顺利解决？关系可否得到修复？事实上，你更有可能产生抵触情绪，或是置之不理，甚至可能压根儿就不明白这个解决方案。日常生活中，大多数人可能都会勉强自己遵守外部交给自己的解决方案，随波逐流。但最终，他们通常耸耸肩就不再理睬了，很难坚持下去。

你正在寻求更有效的方法。鉴于你已建立了一个合作行动框架，接下来你可以用它创造探索性参与的机会，让双方的见解和想法交织在一起，这是一种更有可能促使双方稳定地投入合作的探索性方法。

这种方法由以下三部分组成，这三者之间不存在固定顺序，与我们之前章节中的有关讨论具有一致性。请你灵活变通，结合自身的个性特点或面临的实际情况进行选择，到时你会发现哪些部分更容易展开探索，哪些部分则更难。

引出他人的想法。为他人的想法腾出空间，使用迂回策略引出他人的想法。你肯定会忍不住想去评判这些想法，但在这个阶段，你的目标不是评判想法，而是引出想法，所以请你暂时悬置判断，哪怕你确定这是些错误的想法。记住，每个人都值得被倾听，请你始终保持谦逊的好奇态度，相信他人总有你没有考虑过的想法。承认是以尊重的方式进行倾听的基本标志，它不等于同意。所以，面对他人的想法时，尽管去承认吧！

明确地分享你的想法，并保持谦逊的好奇态度。人们通常可以分成两个

阵营。一部分人坚信自己的想法不值一提，或者认为告诉他人自己的想法就会削弱自己。如果你正是这种人，不要担心！一个好办法就是说出你的想法，特别是那些让你感到焦虑的、认为不够好的想法。记住，你正试图和另一个人一起解决问题，这时，向他人表明你的"真在乎"和"不完美"就是明智之举。当然，你也可能属于另一个阵营，当你坚信自己的想法才是最好的想法时，请不要忘记谦逊的好奇这个"老朋友"。

考量外部观点。 到目前为止，即使你们在合作方面做得很好，但也很可能会因为有限的视野而受阻。这时，不妨想想第三种、第四种或第五种观点的好处。你可以试着邀请有这方面经验的人加入你们的对话，或者通过文章和书籍等资源激发新的想法。有时，哪怕只是简单地询问一下对你们都熟悉的某个人，你们就可以获得很好的启发。

开放式头脑风暴

当你征集冲突双方及其他更多人的想法时，请不要急于否定任何想法，即使有些想法目前不起什么作用或者看上去似乎永远无法起作用。这就是开放式头脑风暴法。我们希望由此为合作中催生的所有想法提供足够的空间，以便它们能相互比较和碰撞、彼此整合、共同成长。一旦我们开始排除想法，我们就可能在无意中把有助于促成解决方案的某个贡献排除了。

下面这个例子展示了克里斯蒂娜在新项目中的领导力。

在新项目中开启新的工作，我和新的团队有很多机会一起解决问题！我们经常开展开放式头脑风暴活动，这使得我既能尊重他们的经验，又能避免我沿袭先前的成功做法直接去接管问题解决的过程。

我们的项目不断变化，面对建立关系和发展团队的双重挑战，我和教师团队坐在一起进行头脑风暴。其中一位教师满怀激情地说："我知道了！我们50个人全部飞去佛罗里达州度假吧！"

我和大多数幼儿教育管理者一样，没有6位数的员工假期预算。于是，我笑了笑，开玩笑地翻了个白眼，说："嗯，那永远不可能发生。"之后，我试图回到手头的工作中，或者更准确地说，是我认为我们当时应该做的工作，我用一个不花钱的主意替换了这个显然无法获得资助的想法："我在想的是，在员工会议开始时开展一些破冰活动。"

团队中有位教师正处于与我建立新的工作关系的过程中,这时她冲我笑了笑,然后说:"记住,我们不贬低任何想法——即使是你也不行。"这番话瞬间让我停下了干预会议进程的做法。

她能发表这样的评论,让我激动不已,原因有很多。这对我和团队的关系而言是一个重要的时刻。我知道他们相信我能实现自己作为领导者的期待,并且我真心希望受到鞭策。她的做法真的让我非常高兴!

不过,它之所以那么棒,还因为它直接与手头的问题相关联。当她打断了我轻易否定去佛罗里达州度假的想法时,她为一个从来没有人想过的解决方案创造了空间。在那之前,所有的教师都是单独参加当地或外地的专业学习活动。但是,去佛罗里达州集体旅行的想法让人们开始谈论与同事一起旅行的好处。过了一会儿,我们一致认为,让教师们一起参加专业活动是一个值得试试的好主意。于是,我们就这么做了!

几个月后,当回顾这种新做法时,我们意识到它给我们带来了许多从未考虑过的好处。例如,一起旅行的教师们能够同时听到相同的想法,然后集思广益、共同实施,平等地获得新知、做出贡献。而且,教师们一起外出旅行,彼此建立了有意义的联系和关系纽带,这是我通过破冰活动无法完全实现的。

我们如果当时放弃了集体去佛罗里达州度假的想法,就不可能看到这种做法带来的真正好处。也就是说,我们从一种本可能会错过的方法中看到了真正的好处。

要适应这种方法,需要练习。所以,这里有一些提示。

简单地暂停并为之前未曾考虑过的想法腾出空间。抵制立即否定某个想法的冲动。暂停一下,深呼吸,让它保留在可能性之海中。

坚持记录。把你的想法写下来,有助于对它进行验证;看到别人的想法以书面形式进入你的大脑,这与听到别人的想法是不同的。

记住解决问题不止一种方法。即使你以前遇到过这种情况,并且知道过去的有效解决方案,但这次的情况可能需要一个不同的方式和结果。

信任彼此都是问题解决者。没有人能确切地知道冲突将如何发展，但你可以始终保持信任，并展现出最好的自己。你做得到，对方也可以。

共同选择一个临时响应方案

本书几乎快要结束了，终于到了你要确定冲突回应方式的时刻！你已经与对方合作收集了一系列潜在的回应方式，现在是时候做出一些决定了。请记住以下这些建议。

选出一个作为开始。你不一定第一次就要做对，但需要有一个起点。而且，通过只做一个小小的调整，而不是同时抛出多个回应，你就能更容易地洞察问题。

优先考虑他人的想法。对你来说，这可能是一个尝试新想法或不熟悉的做法的成长机会。如果你身处领导位置，这样做就尤其重要，因为你会通过将团队的回应作为优先事项来展示团队的价值。

对现在或未来的必要调整进行预期。随着时间的推移，你们之间的相互回应不断展开，所以你需要考虑是否有必要在开始时或实施过程中做些微调。

确保每个人都同意。对于你尝试提出的想法，花些时间去仔细了解并评估每个人的反应和认可程度。是否每个人都理解业已达成的协议？是否每个人都明白自己在解决方案中的角色？现在，询问这些问题正是时候。

不怕犯错

现在，准备接受不完美吧。我们很少看到有人能立刻找到正确的回应方式，即使想法合理，具体执行过程中有时也可能遭遇波折。

所以请记住，与应对冲突的所有行动一样，临时响应也应该是个学习的过程。你并不总能做对，相反，你可能真的错了，大错特错！最初，你的回应可能不起什么作用，可能只满足了少部分人的需要，但是如果你把它当作一个学习机会，那么这些就不足以成为失败的标志。

不过，当上述这种情况发生时，你需要后退一步，反思实际过程中哪些部分是无效的、哪些因素被你忽略了，以及你可以尝试哪些其他的想法。可见，关键在于你积极、合作、谦逊的态度。允许自己和他人摔倒，然后拍拍膝盖上的灰尘重新站起来。在学习过程中,大家要彼此温柔相待。

请记住斯特罗带给我们的重要领悟:只是在一起,共同尝试、经历失败,你和合作者就在改善你们之间的关系。

你做了什么真的不如你怎么做重要。

保持跟进

> 请面对现实,冲突很少在第一次对话或尝试解决后就结束。

记住,我们最终关注的不是解决问题的一次性对话,而是我们称之为"生活"的真正重要的对话。请面对现实,冲突很少在第一次对话或尝试解决后就结束。即使看起来一切问题都解决了,再进行一次额外的对话,彼此跟进并反思,对你们而言也很重要。何况,这也将是一个庆祝少有的人际互动成功的绝佳机会!

所以,请记住,在临时响应的对话部分,你应该把有关何时跟进以及如何跟进的决定补充进来。认真考虑这次讨论需要参与的人员,以及合适的时间和地点。

在跟进环节的对话中,对于到目前为止的整个过程和所有反应,每个人都应该有表达自己看法的机会。大家一起花很长时间来识别和确认已经奏效的做法并考虑接下来可能的调整,可以使冲突的解决获得更大的成功。请记住,这是一个学习机会,所以既要探索已取得的进展,更要探索哪些方法不起作用。

这样的跟进,有助于强化冲突解决过程中所建立的各种关系。此外,它还为你们如何处理未来的冲突提供了进阶的跳板。为了更好地了解自己在冲突解决中做得好的地方,以及需要进一步努力的地方,你们正在奠定良好的基础。

总结一下。这就是临时响应的完整闭环——制订具有协作性的、意图明确的计划;付诸行动并对发生的事情进行反思;推动事情向前发展,永远不被"你已经彻底解决了所有问题"的幻想迷惑,对任何完美性保持健康的怀疑态度;全程与他人保持合作。

彼此分享

最后，我们鼓励你与合作者对于你们的经验和收获进行分享。几十年的项目领导工作经验令我们越来越相信，再也没有什么事情能比看着两个人从貌似无法解决的冲突中走出来更能感到有力量了。承认问题，描述如何解决问题，努力朝着更有思想、更有同理心的工作关系发展——当你向项目中的其他人，包括员工、家长，尤其是孩子们展示你做了什么以及你是如何做到的时候，你就在示范应对冲突的一种方式，一种具有深远意义的冲突解决方式。

你能做到！

希望到现在为止，你已经明白我们为什么无法提供一份潜在的冲突解决方案清单了吧。这不仅仅是因为罗列出全部的解决方案是不可能的——我们已经试过且失败了，而且我们认为这种清单具有欺骗性。任何冲突中每种状况的实际情形、每段关系的细微差别都有无数种可能性，忽视这些细节，只求快速"解决"问题，是最不靠谱的做法。

我们之所以通过再次强调贯穿全书的技能、理解力和心态来结束本书，还有一个重要原因，那就是我们相信你！作为坚信建构主义的教育工作者，我们相信，当人们共同致力于为学习和成长创造共享机会时，他们将处于最佳状态。你也是。

> 我们相信，当人们共同致力于为学习和成长创造共享机会时，他们将处于最佳状态。你也是。

我们把本书当成与你合作的过程，一如与他人建立合作关系，这对穿越冲突而言至关重要。我们已尽心尽力地与你建立合作关系，一种重视冲突的动态特质的合作关系。我们以信任为先，向你展示了我们的缺点和所犯的错误；提出了很多问题，而且相信你会有我们所没有的答案。我们以身作则、率先垂范，希望你们应对冲突时也能如此行动。

我们对你迈出的每一步都充满信心，这是最重要的一点。尽管你有自己的缺点，会犯错误，但你完全有能力找到应对冲突的办法。我们不仅相信本书描述的冲突解决过程、策略和办法，更相信你，并且也只有你才能让这些内容为你服务。

我们由衷地希望，你在穿越冲突之旅中越来越自信，走出一条自己的路。这条路也是你的一段人生路。你迈出的每一步都必有所得、必有所成。

参 考 文 献

Bailey, Becky. 2015. *Conscious Discipline: Building Resilient Classrooms*. Oviedo, FL: Loving Guidance, Inc.

Bright Horizons Family Solutions, Inc. n.d. "Company Profile, Information, Business Description, History, Background Information on Bright Horizons Family Solutions, Inc." Accessed April 1, 2020.

Elbow, Peter. 1998. *Writing Without Teachers.* 2nd edition. Oxford, UK: Oxford University Press.

Frei, Frances. 2018. "How to Build (and Rebuild) Trust." Filmed April 2018 for TED.

Gallo, Amy. 2017. *HBR Guide to Dealing with Conflict*. Brighton, MA: Harvard Business Review Press.

Goddard School. n.d. "What Makes us Different." Accessed April 1, 2020.

Goleman, Daniel. 2005. *Emotional Intelligence: Why It Can Matter More than IQ*. New York: Bantam.

Gretchen's House Child Care Centers. 2019. "Family Handbook." Revised June 2019.

Hamilton, Diane Musho. 2015. "Calming Your Brain During Conflict." *Harvard Business Review.* December 22, 2015.

Heshmat, Shahram. 2015. "What Is Confirmation Bias?" *Psychology Today.* April 23, 2015.

Kabat-Zinn, Jon. 1994. *Wherever You Go, There You Are: Mindfulness Meditation in Everyday Life*. New York: Hyperion.

Miller, William R., and Stephen Rollnick. 2012. *Motivational Interviewing: Helping People Change*. 3rd edition. New York: The Guilford Press.

Murray, Desiree W., Katie D. Rosanbalm, and Christina Christopoulos. 2016. *Self-Regulation and Toxic Stress: Implications for Program and Practice*. OPRE Report #2016-97. Washington, DC: Office of Planning, Research and Evaluation, Administration for Children and Families, US Department of Health and Human Services.

National Association for the Education of Young Children. 2011. "Code of Ethical Conduct and Statement of Commitment." NAEYC position paper.

Resnick, Brian. 2018. "The 'Marshmallow Test' Said Patience Was a Key to Success. A New Replication Tells Us S'more." Vox. June 6, 2018.

———. 2019. "Intellectual Humility: The Importance of Knowing You Might Be Wrong." Vox. January 4, 2019.

Rosanbalm, Katie D., and Desiree W. Murray. 2017. *Caregiver Co-regulation Across Development: A Practice Brief*. OPRE Brief #2017-80. Washington, DC: Office of Planning, Research, and Evaluation, Administration for Children and Families, US. Department of Health and Human Services.

Stone, Douglas, Bruce Patton, and Sheila Heen. 1999. *Difficult Conversations: How to Discuss What Matters Most*. New York: Penguin Putnam.

Stroh, David Peter. 2015. *Systems Thinking for Social Change: A Practical Guide to Solving Complex Problems, Avoiding Unintended Consequences, and Achieving Lasting Results*. White River Junction, VT: Chelsea Green Publishing Co.